U0467422

山西珍贵文物档案

18

忻州、晋城、阳泉卷

山西省文物局 编

科学出版社
北京

图书在版编目（CIP）数据

山西珍贵文物档案.18 / 山西省文物局编. -- 北京：科学出版社，2022.11
ISBN 978-7-03-073650-5

Ⅰ.①山… Ⅱ.①山… Ⅲ.①文物–介绍–山西 Ⅳ.①K872.25

中国版本图书馆CIP数据核字（2022）第203534号

责任编辑：张亚娜　张睿洋／责任校对：王晓茜
责任印制：肖　兴／书籍设计：北京美光设计制版有限公司

科学出版社 出版
北京东黄城根北街16号
邮政编码：100717
http://www.sciencep.com

北京华联印刷有限公司 印刷
科学出版社发行　各地新华书店经销

*

2022年11月第 一 版　　开本：889×1194　1/16
2022年11月第一次印刷　　印张：12 1/4
字数：130 000

定价：300.00元

（如有印装质量问题，我社负责调换）

《山西珍贵文物档案》编辑委员会

主　　任　刘润民

副 主 任　程书林　张元成　于振龙　白雪冰　宁立新

委　　员（按姓氏笔画排序）

　　　　　　王振华　王晓毅　王　超　王　强　吕文平
　　　　　　刘玉伟　刘建勇　刘晓琰　李青萍　张立君
　　　　　　张晓强　张　琼　陈小光　路向东　路　易

主　　编　刘润民

副 主 编　路向东　于喜海　张建军　韩利忠

特邀编辑　师悦菊　李　勇　郎保利　米武军　袁佳珍
　　　　　　李百勤

编　　辑（按姓氏笔画排序）

　　　　　　王　春　车国梁　任青田　任俊文　孙军明
　　　　　　何宇飞　张　洁　张晋锋　张海波　张雅男
　　　　　　张　溱　周云龙　郑　丽　郑海伟　侯春光
　　　　　　秦建新　袁盛慧　徐军峰　郭少婧　郭劲竹
　　　　　　梁　茜　程　勇　褚晓光

凡 例

1. 《山西珍贵文物档案》（以下简称《档案》）是山西省境内国家机关、事业单位、国有企业及国有控股企业收藏的珍贵文物档案。内容包括收藏文物目录、文物基础信息及文物图片。

2. 《档案》中的文物原则上是以历次经国家文物局、省文物局组织专家认定的珍贵文物，包含已在第一次全国可移动文物普查平台上备案的珍贵文物或在普查后新定级的珍贵文物。信息表中的"级"即为所认定珍贵文物的级别。

3. 珍贵文物分类原则上按照国家文物局馆藏分类标准来分类，信息表中以"类"表示。

4. 文物的基础信息包括文物名称，国家普查平台登录号，收藏单位，收藏单位原始编号（或辅助账号、发掘号），级别，分类，尺寸，年代，来源，入藏时间等10项内容。

5. 文物名称原则是依据第一次全国可移动文物普查定名标准定名，但部分文物的定名保留原始账号的名称。

6. 文物单位编号分收藏单位原始编号和国家普查平台登录号，表中"原"为收藏单位原始档案编号，"No"是国家可移动文物普查平台登录号。需要说明的是，新增一级文物无国家可移动文物普查平台登录号。

7. 年代采用中国史学界公认的纪年，古人类和古脊椎动物化石地点使用地质年代，史前文物使用考古学年代、历史文物使用王朝年代，纪年确切的用公元纪年表示，个别判定不清年代的文物用"年代不详"表示。信息中的"代"是指文物本体的年代，各类文物年代按时代早晚顺序排列。

8. 信息表中的"源"是指现收藏单位获得文物的来源，"入"是指馆藏文物单位登记入库的时间。

9. 文物本体尺寸，依照第一次全国可移动文物普查的标准测量，信息表中的"cm"是指文物本体尺寸，以厘米计量。

《山西珍贵文物档案》编辑委员会

前 言

人类对文物艺术品的收藏由来已久，从私人收藏、欣赏、研究，发展到创办博物馆向公众开放，走过了悠悠数千年的漫长道路。文物藏品是博物馆工作的物质基础，妥善保护和管理博物馆藏品，并在此基础上拓展其用途，使之更好地为公众和社会发展服务，这应当是博物馆以及其他文物收藏单位藏品管理工作的出发点和落脚点。

博物馆藏品管理是伴随着博物馆的出现而"与生俱来"的，世界各国大都经历了对藏品认识的不断深化，不断走向规范化、制度化和科学化的发展过程。中国的博物馆事业与西方国家相比起步较晚，直到21世纪才步入了快速发展的新时期。1982年颁布的《中华人民共和国文物保护法》规定："历史上各时代重要实物、艺术品、文献、手稿、图书资料、代表性实物等可移动文物，分为珍贵文物和一般文物；珍贵文物分为一级文物、二级文物、三级文物"；"博物馆、图书馆和其他文物收藏单位对收藏的文物，必须区分文物等级，设置藏品档案，建立严格的管理制度，并报主管的文物行政部门备案"。同时，对馆藏文物的调拨、举办展览、科学研究、借用、交换、处置、销售、拍卖、出境和馆藏文物的复制、拍摄、拓印也做出了具体规定；1986年文化部印发《博物馆藏品管理办法》，进一步规定"博物馆对藏品负有科学管理、科学保护、整理研究、公开展出和提供使用（对社会主要是提供展品资料、研究成果）的责任"，要求保管工作必须做到"制度健全、账目清楚、鉴定确切、编目详明、保管妥善、查用方便"。国家法律和规章的出台，使可移动文物的保护管理逐步纳入法制化轨道。

2012年2月，《国家"十二五"时期文化改革发展规划纲要》明确提出"健全文物普查、登记、建档、认定制度，开展可移动文物普查，编制国家珍贵文物名录"。2012年10月，国务院印发《国务院关于开展第一次全国可移动文物普查的通知》。2013年3月，国家普查领导小组办公室向全国印发了《第一次全国可移动文物普查实施方案》。在国家文物局的具体组织下，各级国家机关、事业单位、国有企业及国有控股企业、人民解放军及武警部队按照统一部署，展开了为时5年的国有文物普查工作，共调查102万个国有单位，普查可移动文物计10815万件/套，其中按照普查统一标准登录文物完整信息的有2661万件/套（实际数量6407万件）。这次普查工作，摸清了我国可移动文物资源的总体情况，新发现一批重要文物，建立起国家文物身份证制度，建设了全国文物资源数据库，为健全国家文物资源管理机制，夯实文物基础工作，全面提升文物保护管理水平奠定了坚实基础。

山西是全国文物大省之一，1919年设立了山西教育图书博物馆，是创建博物馆较早的省份。新中国成立以后，特别是改革开放和21世纪以来，全省博物馆事业得到了快速发展，大量新出土文物、社会征集文物入藏各级国有博物馆和其他文物收藏单位，越来越多的现代化博物馆逐步建成，为馆藏文物的保护、研究、展示、文化传播提供了前所未有的条件和基础。但不容忽视的是，也有许多文物收藏单位，因专业力量薄弱、保藏条件有限，藏品管理存在管理理念落后，管理职责不明，制度规范落实不到位，藏品记录不完备，文物分级管理底数不清，档案缺失等诸多问题，给馆藏文物的依法管理、文物藏品的展示利用、文物安全和责任追究带来很多困难和问题。就山西而言，在"一普"之前，珍贵文物的底数始终不清晰，有记载的鉴定定级工作大致如下：

20世纪80年代以前，全省博物馆数量较少，除几个省市级博物馆自行做过一些鉴定定级工作外，没有开展过全省范围的鉴定定级工作。1987~1989年，省文物局组织开展了一次全省文物系统馆藏文物的鉴定定级工作，对全省文物收藏单位进行文物建档起到了积极的推动作用，遗憾的是，鉴定结束后未形成文件下发收藏单位。1997~1998年，国家文物局组织文物鉴定委员会专家对我省的鉴定定级成果进行了一次系统梳理和专业确认，奠定了我省珍贵文物定级的基础和范例。2001~2006年，我省承担财政部、国家文物局馆藏文物数字化和数据库建设试点任务，对录入数据库的120万件文物进行了核查，补充了部分珍贵文物信息资料，编印了《山西馆藏一级文物》图录，上报国家文物局备案。

2012~2016年开展的第一次全国可移动文物普查，是山西全省范围内开展的规模最大、时间最久、效果最好的可移动文物管理的基础性工作。41316家在晋国家机关、事业单位、国有企业及国有控股企业都纳入了此次普查范围。核定文物收藏单位413家，认定并登录文物数据653100多条（件/套），实际文物320多万件，其中珍贵文物近6万件。

珍贵文物是所有文物藏品中的重中之重。在普查后期开展的数据核查过程中，我们清楚地认识到，我省现有珍贵文物在鉴定定级记录、收藏档案记录、账实是否相符、信息是否完备等方面还存在一些问题，我们有责任按照《中华人民共和国文物保护法》的要求，继续对珍贵文物的收藏情况、鉴定定级情况、信息记录资料、收藏流转情况等做出进一步核对和完善，并及时将文物档案的主要信息公之于众，以提升公共文化服务的能力和水平。

文物承载灿烂文明，传承历史文化，维系民族精神，是老祖宗留给我们的宝贵遗产，是加强社会主义精神文明建设的深厚滋养。保护好、管理好、利用好、传承好历史文物，是新时代社会主义文博工作的重大使命。为了实现这一目标，我省经过认真分析研究，决定在加强管理的基础上，按照现行管理体制，由省级到市县，从一级文物入手，然后二级、三级，逐步整理、编辑出版《山西珍贵文物档案》（以下简称《档案》），同时利用编印《档案》的任务压力，反过来助推藏品日常管理的精细化和藏品档案的建立健全。我们希望这套《档案》能成为全省文物单位依法保护、管理、利月珍贵文物的工具书，同时也能有利于文物信息的社会共享，起到公共文化服务的积极作用。

编辑出版文物档案，没有先例可循，我们只是因着粗浅的认识和责任担当意识抛砖引玉，为全国同行探路试水，因此缺点和错误定所难免。真诚希望国家文物局和专家学者批评指正，使我们在今后的工作中不断改进。

目 录

商 绳纹捉手偏口陶壶 3

辽 三彩四神陶棺 4

东周 交龙纹兽耳铜盖壶 5

东周 蟠虺纹铜甗 6

东周 蟠虺纹铜舟 8

东周 铜蟠螭纹伞盖顶 10

东周 络绳蟠螭纹链提梁铜壶 12

东周 "少虞"错金铜剑 13

东周 蟠虺乳丁纹铜盖豆 14

东周 错金"玄卢"鸟书铜戈 16

东周 涡纹弓形骨铰 17

战国 线刻动物纹铜匜 18

金 莲花纹三足铜盆 19

东魏 背屏立佛石造像 20

北魏 交脚弥勒佛背光石造像 22

北齐 释迦牟尼石立像 23

北齐 菩萨石立像 24

北齐 菩萨石立像 25

北齐 释迦牟尼石造像 26

北齐 释迦牟尼石立像 27

北齐 菩萨头石造像 28

北齐 佛头石造像 29

北齐 对狮座佛与弟子石造像 30

唐 佛头石造像 32

唐 胁侍菩萨汉白玉造像 33

唐 胁侍菩萨汉白玉造像 34

五代 晋王李克用墓内檐下石雕兽首力士像 35

五代 晋王李克用墓内檐下石雕力士像 36

五代 晋王李克用墓内檐下石雕力士像	37
五代 晋王李克用墓内檐下石雕兽首力士像	38
五代 晋王李克用墓内檐下石雕力士像	39
五代 晋王李克用墓内檐下石雕鹰首力士像	40
五代 晋王李克用墓内檐下石雕力士像	41
五代 晋王李克用墓内檐下石雕力士像	42
五代 晋王李克用墓内檐下石雕力士像	43
五代 晋王李克用墓十二生肖牛石浮雕像	44
五代 晋王李克用墓十二生肖虎石浮雕像	46
五代 晋王李克用墓十二生肖兔石浮雕像	49
五代 晋王李克用墓十二生肖龙石浮雕像	51
五代 晋王李克用墓十二生肖蛇石浮雕像	52
五代 晋王李克用墓十二生肖马石浮雕像	54
五代 晋王李克用墓十二生肖羊石浮雕像	56
五代 晋王李克用墓十二生肖猴石浮雕像	58
五代 晋王李克用墓十二生肖鸡石浮雕像	60
五代 晋王李克用墓十二生肖狗石浮雕像	62
五代 晋王李克用墓十二生肖猪石浮雕像	64
明 狮子莲花座文殊菩萨铜像	66
清 德化窑白釉送子观音瓷坐像	68
唐 八卦纹龟形银盒	70
唐 鎏金摩羯纹银盏托	72
唐 鎏金鸳鸯团花提梁银罐	74
唐 团花摩羯纹银碗	76
唐 海棠形银碟	78
唐 海棠形银碟	79
唐 五曲葵口银碟	80
唐 五曲葵口银碟	81
唐 四曲葵口银碟	82
唐 四曲葵口银碟	33
唐 五曲口银杯	84
唐 白釉印花鸳鸯如意纹瓷盒	85
宋 白釉剔花墨书诗文瓷梅瓶	86
宋 珍珠地划花卷叶纹瓷枕	88
宋 绿釉剔刻花卉纹瓷罐	90

金 花鸟纹虎形瓷枕	92
元 青花云龙纹瓷梅瓶	94
元 怀仁窑酱釉刻花瓷梅瓶	96
五代 天祐五年李克用石墓志	98
北宋 皇祐二年浮雕四神二十四孝方形石函	102
金 陀罗尼经刻铭石棺	104
北宋 "淳化元宝"金币	106
金 "尚书户部之印"铜印	107
金 正大五年"台州之印"铜印章	108
元 崞州诸军铜印	109
元 崞州铜印	110
清 徐继畲"字健男号松龛"石印章	111
金 天会七年《梁皇宝忏》经卷刻本	112
明 万历四十五年刊刻《佛说消灾吉祥陀罗尼经》经卷	122
明 万历四十五年《地藏菩萨所说十王判断善恶因果经》经卷刻本	123
清 徐继畲《举隅集》木刻书版	124
清 徐继畲《敦艮斋时文》木刻书版	125
清 御颁徐继畲木雕"奉天诰命"函	126
民国 孙文为阎锡山书"博爱"纸本横幅	128
1955年 徐向前元帅服	129
明 狻猊驮莲座地藏菩萨铜造像	132
唐 "王"字箕形澄泥砚	134
唐 黄釉戳印鳞纹陶罐	135
明 "时大彬制"紫砂壶	136
北齐 乾明元年昙始造像碑座	138
北齐 螭首四面造像青石碑	140
东周 双环耳平底铜敦	142
战国 十六年宁寿令戟	144
战国 三十八年上郡直内铜戈	145
战国 三十五年直内铜戈	146
战国 三十五年上郡守戈	147
北宋 开宝四年刻大云经卷	148
北宋 开宝六年刻大云经卷	150
辽 妙法莲花刻本经卷	152
明 曾鲸画张慎言肖像绢本立轴	154

唐 武周圣历三年石雕弥勒弟子造像碑 ... 156
金 "李四郎"绿釉瓷枕 ... 158
金 绿釉荷塘水禽纹瓷枕 ... 160
明 隆庆元年黄绿釉琉璃脊刹 ... 162
北宋 绿釉陶熏炉 ... 166
金 白釉刻划花瓷枕 ... 168
北魏 孝昌三年石雕佛头像 ... 169
北魏 孝昌三年石雕菩萨头像 ... 170
北魏 孝昌三年石雕菩萨头像 ... 171
北魏 孝昌三年石雕菩萨头像 ... 172
北魏 孝昌三年石雕佛头像 ... 173
北魏 孝昌三年石雕菩萨头像 ... 174
北魏 孝昌三年石雕弟子头像 ... 175
北魏 孝昌三年石雕菩萨头像 ... 176
北魏 孝昌三年石雕菩萨头像 ... 177
北魏 孝昌三年石雕佛头像 ... 178
北魏 孝昌三年石雕弟子头像 ... 179
北宋 石雕罗汉头像 ... 180
清 张穆行书纸本立轴 ... 181

忻州市

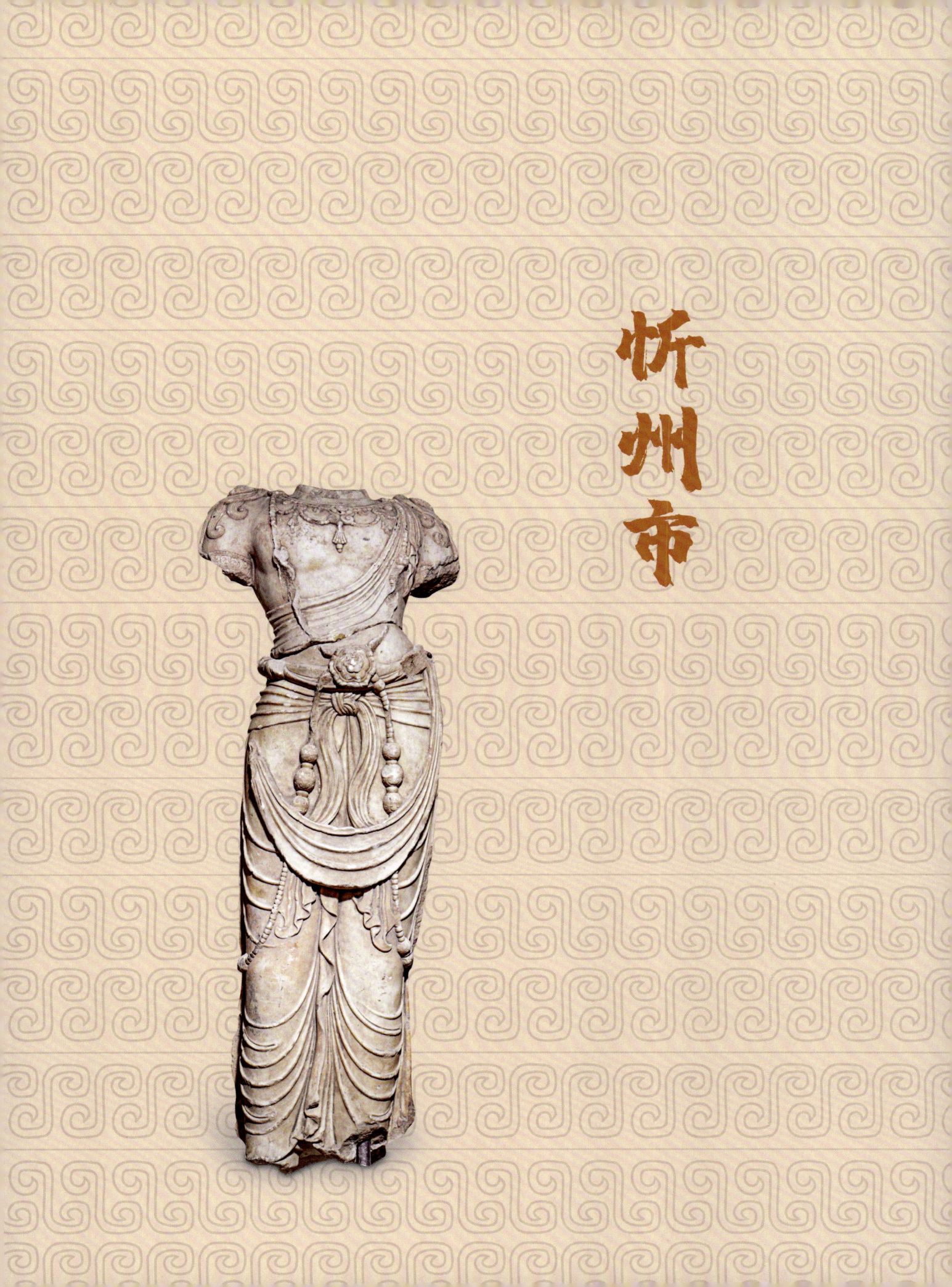

商 绳纹捉手偏口陶壶

- **No** 14090221800002000001481
- **藏** 忻州市博物馆
- **原** B19
- **级** 一级
- **类** 陶器
- **代** 商
- **cm** 通高37，腹径25，底径12
- **源** 1987年山西省忻州市晏村砖厂采集
- **入** 1987年

辽 三彩四神陶棺

- No 1409022180010200000001
- 藏 原平市博物馆
- 原 0061-T07
- 级 一级
- 类 陶器
- 代 辽
- cm 高 79.5，长 72，宽 44
- 源 1983 年山西省忻州地区原平县东社镇河底村西出土
- 入 1983 年

东周 交龙纹兽耳铜盖壶

No	14090221800102000002759
藏	忻州市博物馆
原	A1246
级	一级
类	铜器
代	东周
cm	高 56.7，口径 15
源	1995 年山西省忻州地区公安处移交
入	1995 年

东周 蟠虺纹铜甗

- No 14090221800102000001713
- 藏 忻州市博物馆
- 原 A1252
- 级 一级
- 类 铜器
- 代 东周
- cm 通高 41，甗口径 28，鬲口径 13.5
- 源 1995 年山西省忻州地区公安处移交
- 入 1995 年

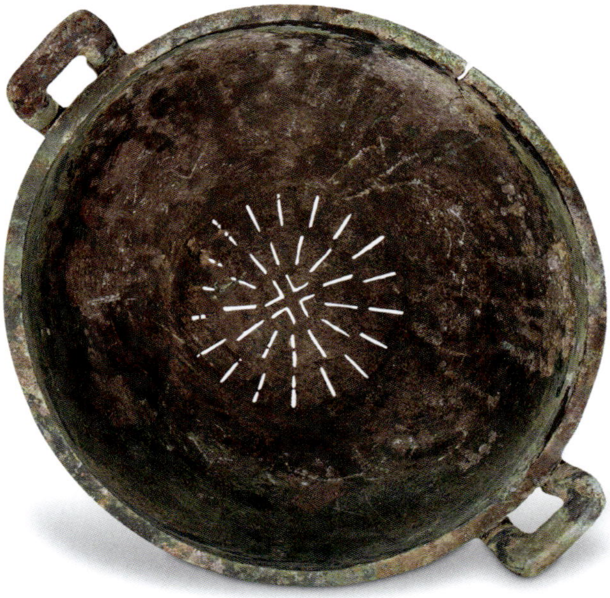

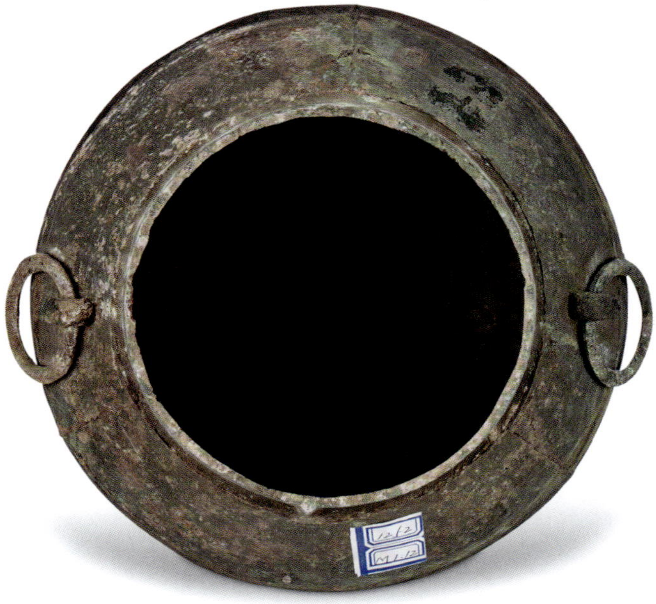

东周 蟠螭纹铜舟

- No 14090221800102000000001
- 藏 原平市博物馆
- 原 0020-T071
- 级 一级
- 类 铜器
- 代 东周
- cm 高7，长口径15.7，短口径12.9，长底径8.6，短底径6.8
- 源 1985年山西省忻州地区原平县刘庄村东周墓发掘出土
- 入 1985年

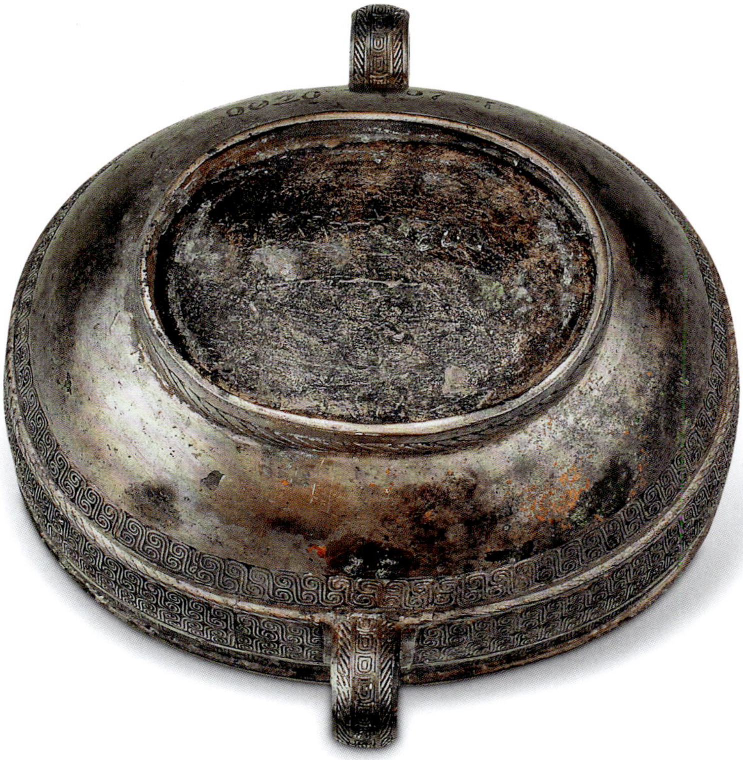

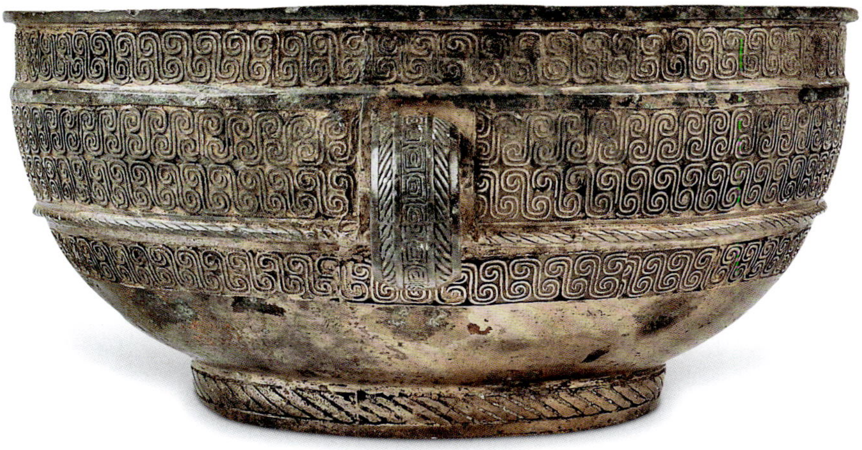

东周 铜蟠螭纹伞盖顶

- No 1409022180010200000001
- 藏 原平市博物馆
- 原 0028-T15
- 级 一级
- 类 铜器
- 代 东周
- cm 通高19，顶径20.6，底径7.6
- 源 1984年山西省忻州地区原平县东社镇北尧村征集
- 入 1984年

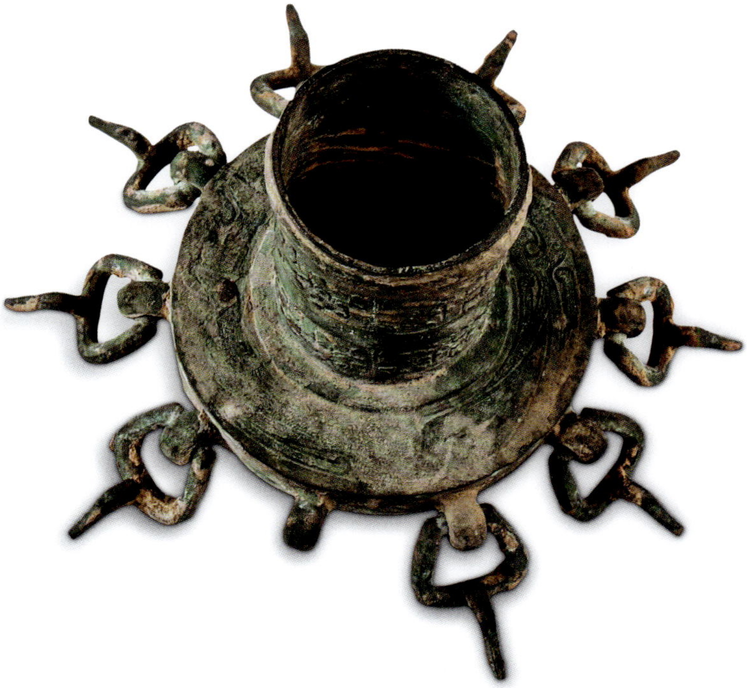

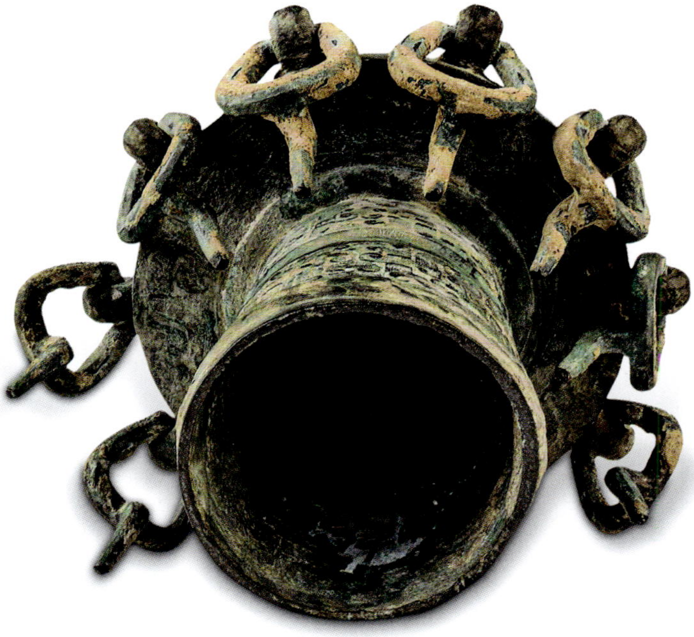

东周 络绳蟠螭纹链提梁铜壶

- No 1409022180010200002756
- 藏 忻州市博物馆
- 原 A1251
- 级 一级
- 类 铜器
- 代 东周
- cm 高34，口径11.2
- 源 1995年山西省忻州地区公安处移交
- 入 1995年

东周"少虞"错金铜剑

- № 14090221800102000000001
- 藏 原平市博物馆
- 原 0022-T094
- 级 一级
- 类 铜器
- 代 东周
- cm 长 35.8，宽 3.6
- 源 1991 年山西省忻州地区原平县刘庄村塔岗梁东周墓出土
- 入 1991 年

东周 蟠虺乳丁纹铜盖豆

- No 1409022180010200001810
- 藏 忻州市博物馆
- 原 A1255
- 级 一级
- 类 铜器
- 代 东周
- cm 通高22，口径17.5，底径11.5
- 源 1995年山西省忻州地区定襄县中霍村东周墓发掘出土
- 入 1995年

山西珍贵文物档案

18

东周 错金"玄卢"鸟书铜戈

- No 14090221800030000152
- 藏 忻州市忻府区文物保护所
- 原 072
- 级 一级
- 类 铜器
- 代 东周
- cm 长 26.5，高 10.5，厚 0.5
- 源 1997年山西省忻州市文物保护所征集
- 入 1997年

东周 涡纹弓形骨较

- № 1409022180010200000001
- 藏 原平市博物馆
- 原 0134-Y111
- 级 一级
- 类 骨角牙器
- 代 东周
- cm 长63，宽6.3，厚1.8
- 源 1991年山西省忻州地区原平县刘庄塔岗梁东周墓出土
- 入 1991年

战国 线刻动物纹铜匜

- № 140923218000040000 1134
- 藏 代县博物馆
- 原 00596
- 级 一级
- 类 铜器
- 代 战国
- cm 长23，高6.5，口径20.5，底径12，流长5
- 源 1993年山西省忻州地区代县中解口子村出土
- 入 1993年

金 莲花纹三足铜盆

- No 14092721800000400000055
- 藏 神池县文物管理所
- 原 sc00001
- 级 一级
- 类 铜器
- 代 金
- cm 高8.5，口径37.5，底径22
- 源 2017年山西省忻州市神池县文化馆移交
- 入 2017年

东魏 背屏立佛石造像

- No
- 藏 忻州市博物馆
- 原 X004
- 级 一级
- 类 雕塑、造像
- 代 东魏
- cm 高 128，宽 66
- 源 2013 年山西省忻州市忻府区西街村窖藏发掘出土
- 入 2013 年

山西珍贵文物档案

18

北魏 交脚弥勒佛背光石造像

- No 1409022180000200002769
- 藏 忻州市博物馆
- 原 B149
- 级 一级
- 类 雕塑、造像
- 代 北魏
- cm 通高50，宽29.5，厚7
- 源 2001年山西省忻州市文物管理处移交
- 入 2001年

北齐 释迦牟尼石立像

- **藏** 忻州市博物馆
- **原** X008
- **级** 一级
- **类** 雕塑、造像
- **代** 北齐
- **cm** 高107，肩宽33，厚19
- **源** 2013年山西省忻州市忻府区西街村窖藏发掘出土
- **入** 2013年

北齐 菩萨石立像

- No
- 藏 忻州市博物馆
- 原 038
- 级 一级
- 类 雕塑、造像
- 代 北齐
- cm 高88，宽34，厚22
- 源 2013年山西省忻州市忻府区西街村窖藏发掘出土
- 入 2013年

北齐 菩萨石立像

- No
- 藏 忻州市博物馆
- 原 X003
- 级 一级
- 类 雕塑、造像
- 代 北齐
- cm 高 69，宽 32，厚 18
- 源 2013 年山西省忻州市忻府区西街村窖藏发掘出土
- 入 2013 年

北齐 释迦牟尼石造像

- No
- 藏 忻州市博物馆
- 原 X001
- 级 一级
- 类 雕塑、造像
- 代 北齐
- cm 高95，宽57
- 源 2013年山西省忻州市忻府区西街村窖藏发掘出土
- 入 2013年

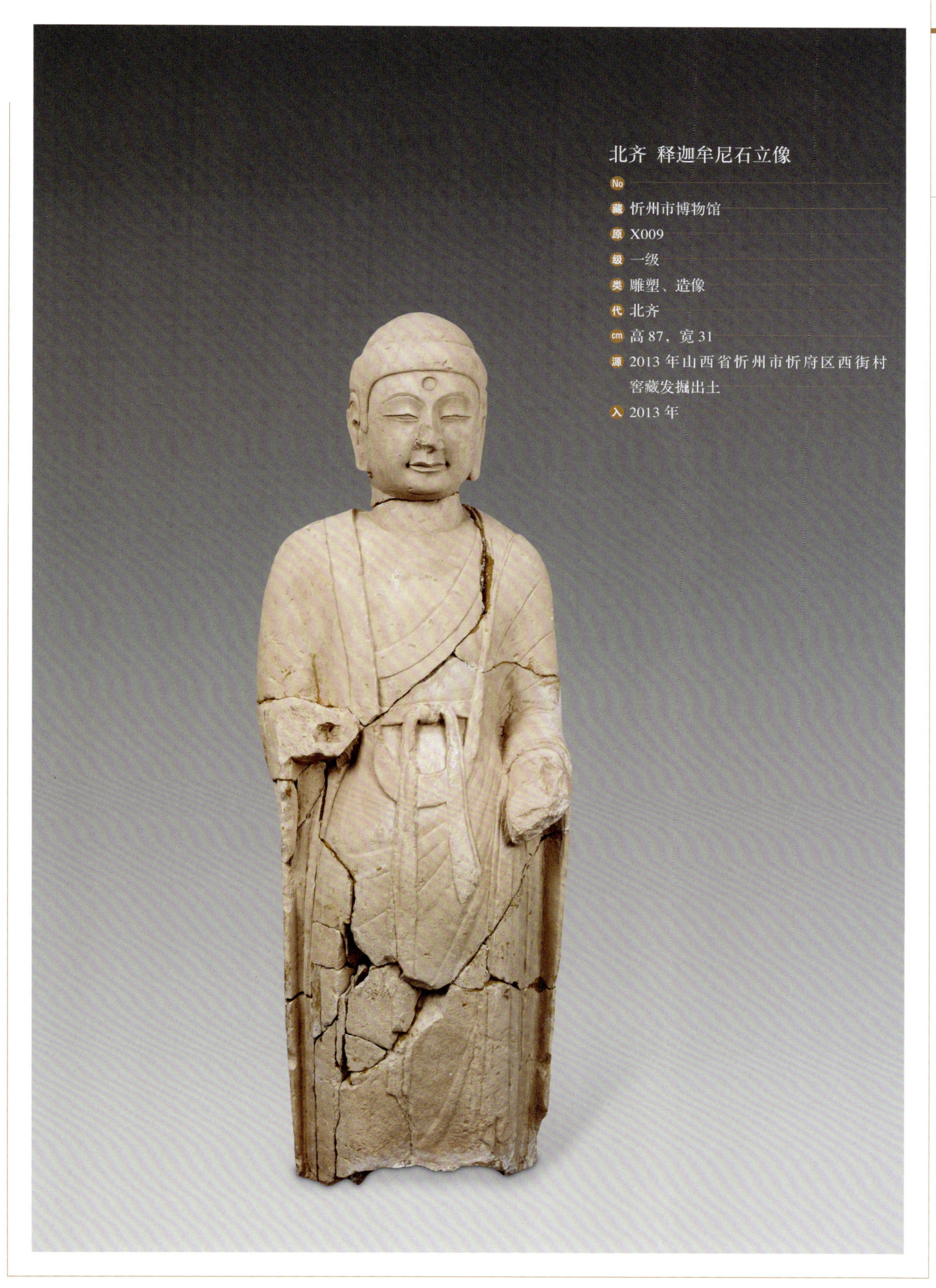

北齐 释迦牟尼石立像

藏	忻州市博物馆
原	X009
级	一级
类	雕塑、造像
代	北齐
cm	高 87，宽 31
源	2013年山西省忻州市忻府区西街村窖藏发掘出土
入	2013年

北齐 菩萨头石造像

№	
藏	忻州市博物馆
原	009
级	一级
类	雕塑、造像
代	北齐
cm	高45，宽32
源	2013年山西省忻州市忻府区西街村窖藏发掘出土
入	2013年

北齐 佛头石造像

- **No**
- **藏** 忻州市博物馆
- **原** 017
- **级** 一级
- **类** 雕塑、造像
- **代** 北齐
- **cm** 高19,宽14
- **源** 2013年山西省忻州市忻府区西街村窖藏发掘出土
- **入** 2013年

北齐 对狮座佛与弟子石造像

- No:
- 藏 忻州市博物馆
- 原 021
- 级 一级
- 类 雕塑、造像
- 代 北齐
- cm 高 42，宽 34
- 源 2013 年山西省忻州市忻府区西街村窖藏发掘出土
- 入 2013 年

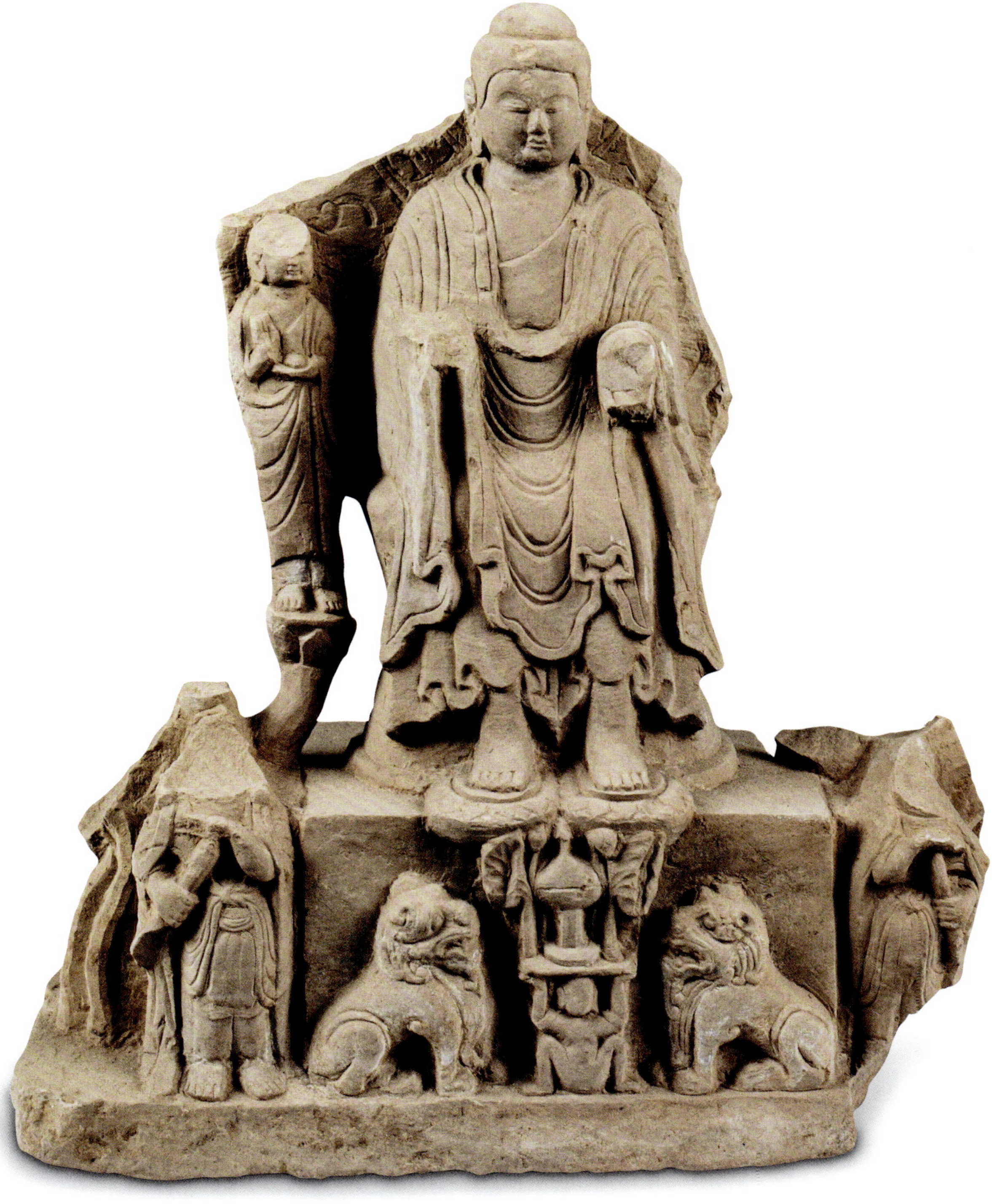

唐 佛头石造像

- **No**
- **藏** 忻州市博物馆
- **原** 012
- **级** 一级
- **类** 雕塑、造像
- **代** 唐
- **cm** 高 24，宽 15
- **源** 2013 年山西省忻州市忻府区西街村窖藏发掘出土
- **入** 2013 年

唐 胁侍菩萨汉白玉造像

- **No**
- **藏** 忻州市博物馆
- **原** B177
- **级** 一级
- **类** 雕塑、造像
- **代** 唐
- **cm** 残高106，肩宽40
- **源** 2002年山西省忻州市五台县佛光村古竹林寺遗址出土
- **入** 2002年

唐 胁侍菩萨汉白玉造像

- **No**
- **藏** 忻州市博物馆
- **原** B178
- **级** 一级
- **类** 雕塑、造像
- **代** 唐
- **cm** 残高 80，肩宽 45
- **源** 2002年山西省忻州市五台县佛光村古竹林寺遗址出土
- **入** 2002年

五代 晋王李克用墓内檐下石雕力士像

- No 1409232180000400001352
- 藏 代县博物馆
- 原 00193-005
- 级 一级
- 类 雕塑、造像
- 代 五代
- cm 高41，宽18
- 源 1989年山西省忻州地区代县七里铺晋王李克用墓出土
- 入 1989年

五代 晋王李克用墓内檐下石雕鹰首力士像

- No 140923218000040000188
- 藏 代县博物馆
- 原 00193-006
- 级 一级
- 类 雕塑、造像
- 代 五代
- cm 高 37.5，宽 19
- 源 1989 年山西省忻州地区代县七里铺晋王李克用墓出土
- 入 1989 年

五代 晋王李克用墓内檐下石雕力士像

- No 1409232180000400001285
- 藏 代县博物馆
- 原 00193-007
- 级 一级
- 类 雕塑、造像
- 代 五代
- cm 高 37.6，宽 17
- 源 1989年山西省忻州地区代县七里铺晋王李克用墓出土
- 入 1989年

五代 晋王李克用墓内檐下石雕力士像

- **No** 14092321800004000001329
- **藏** 代县博物馆
- **原** 00193-008
- **级** 一级
- **类** 雕塑、造像
- **代** 五代
- **cm** 高37，宽19
- **源** 1989年山西省忻州地区代县七里铺晋王李克用墓出土
- **入** 1989年

五代 晋王李克用墓内檐下石雕力士像

- No 1409232180000400001189
- 藏 代县博物馆
- 原 00193-009
- 级 一级
- 类 雕塑、造像
- 代 五代
- cm 高44，宽22
- 源 1989年山西省忻州地区代县七里铺晋王李克用墓出土
- 入 1989年

五代 晋王李克用墓十二生肖牛石浮雕像

- No 1409232180000400001160
- 藏 代县博物馆
- 原 00194-001
- 级 一级
- 类 雕塑、造像
- 代 五代
- cm 高66，宽33，厚10
- 源 1989年山西省忻州地区代县七里铺晋王李克用墓出土
- 入 1989年

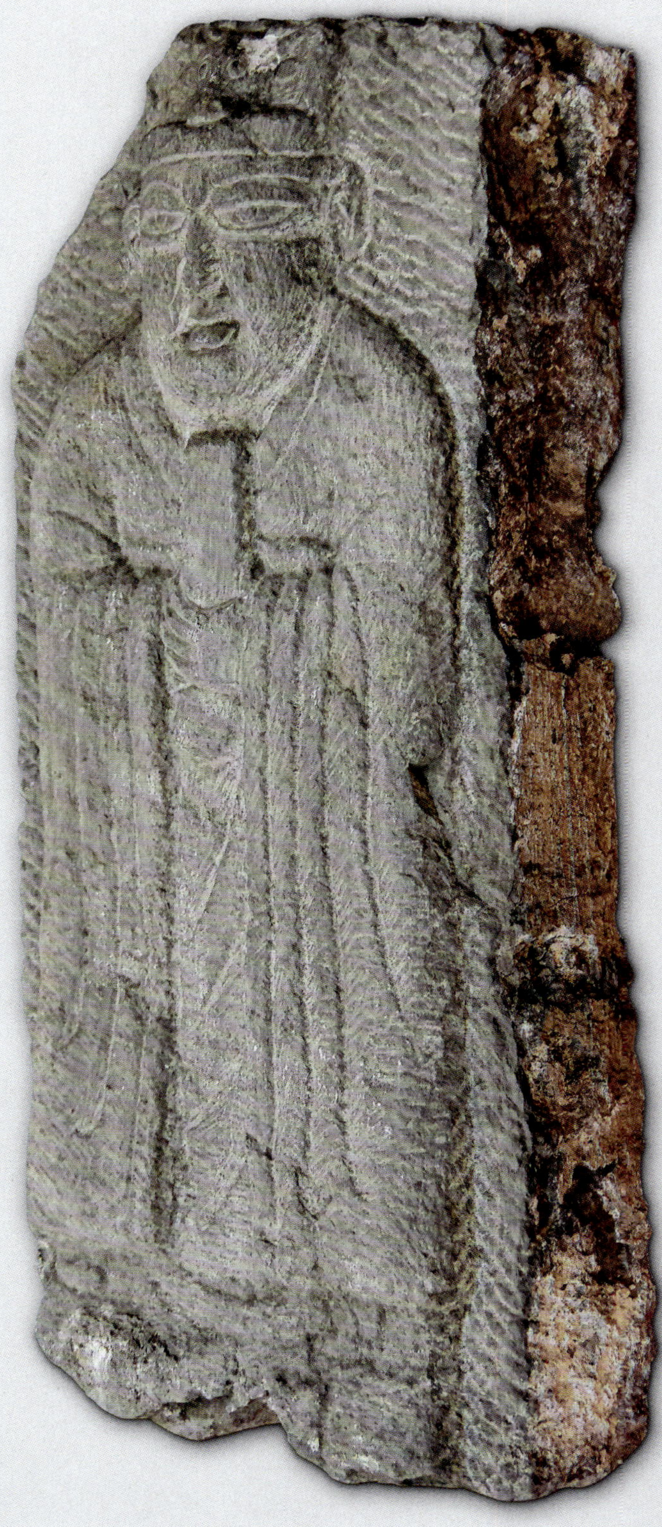

五代 晋王李克用墓十二生肖虎石浮雕像

- No 140923218000040000 1327
- 藏 代县博物馆
- 原 00194-002
- 级 一级
- 类 雕塑、造像
- 代 五代
- cm 高66，宽33，厚10
- 源 1989年山西省忻州地区代县七里铺晋王李克用墓出土
- 入 1989年

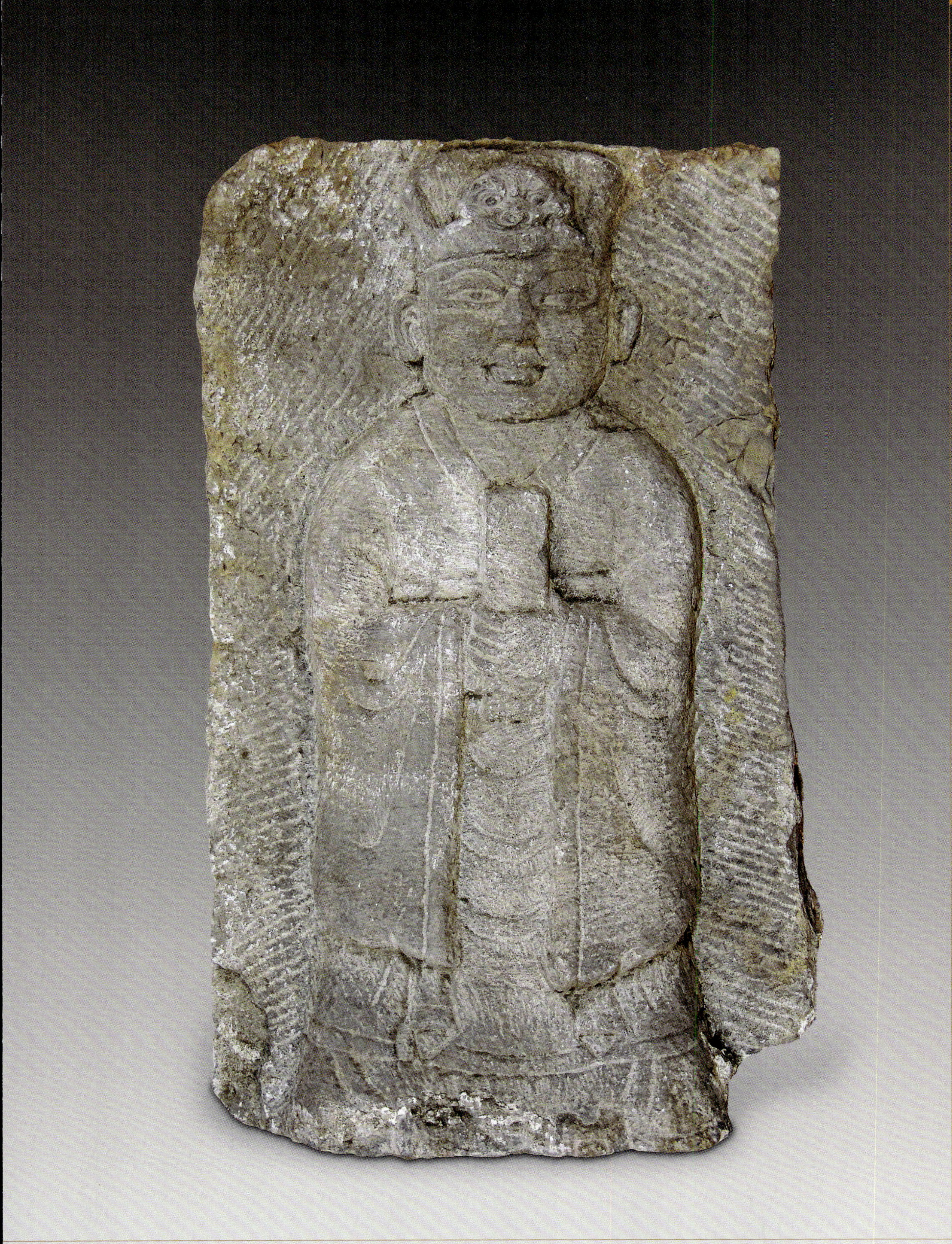

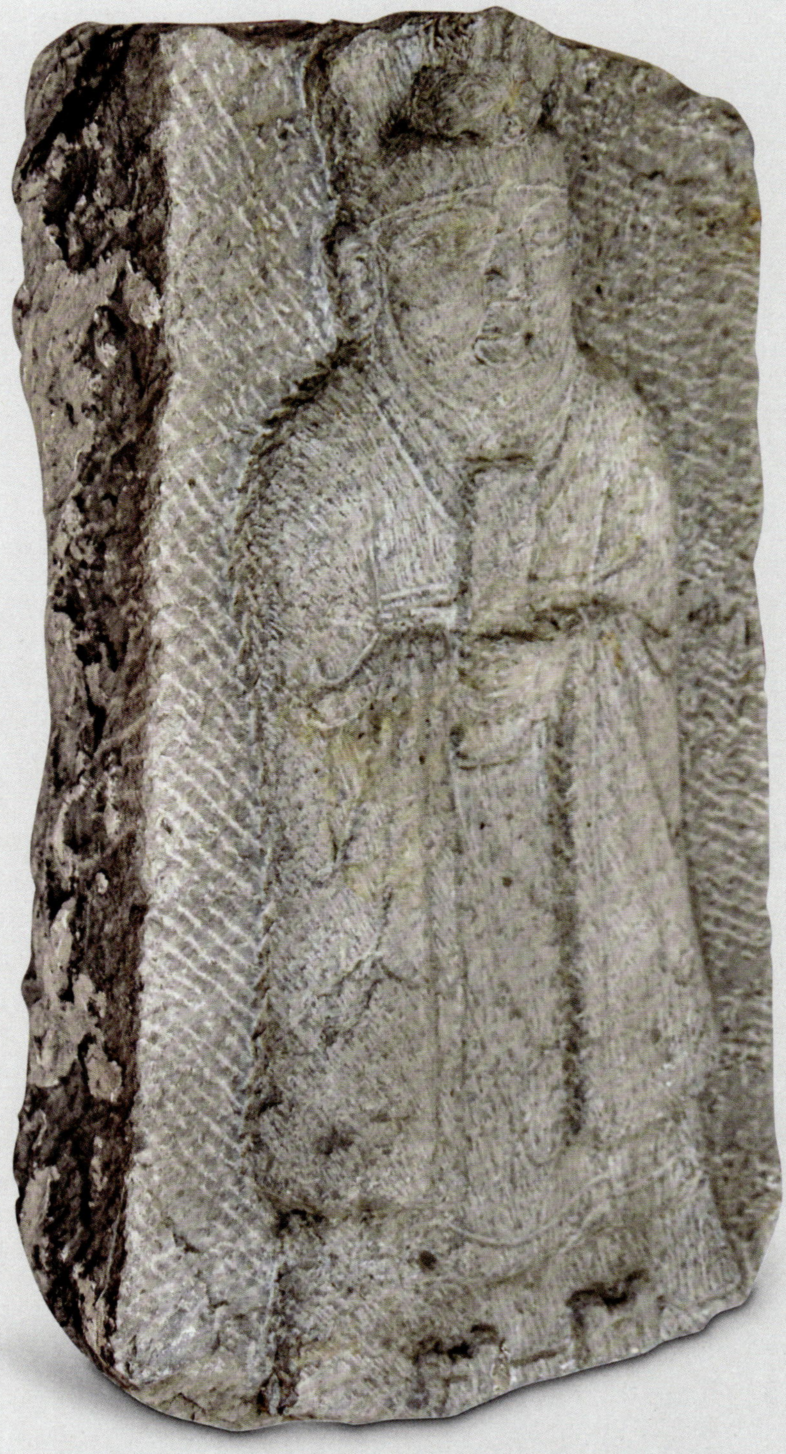

五代 晋王李克用墓十二生肖兔石浮雕像

- **No** 140923218000040000 1325
- **藏** 代县博物馆
- **原** 00194-003
- **级** 一级
- **类** 雕塑、造像
- **代** 五代
- **cm** 高 66，宽 33，厚 10
- **源** 1989 年山西省忻州地区代县七里铺晋王李克用墓出土
- **入** 1989 年

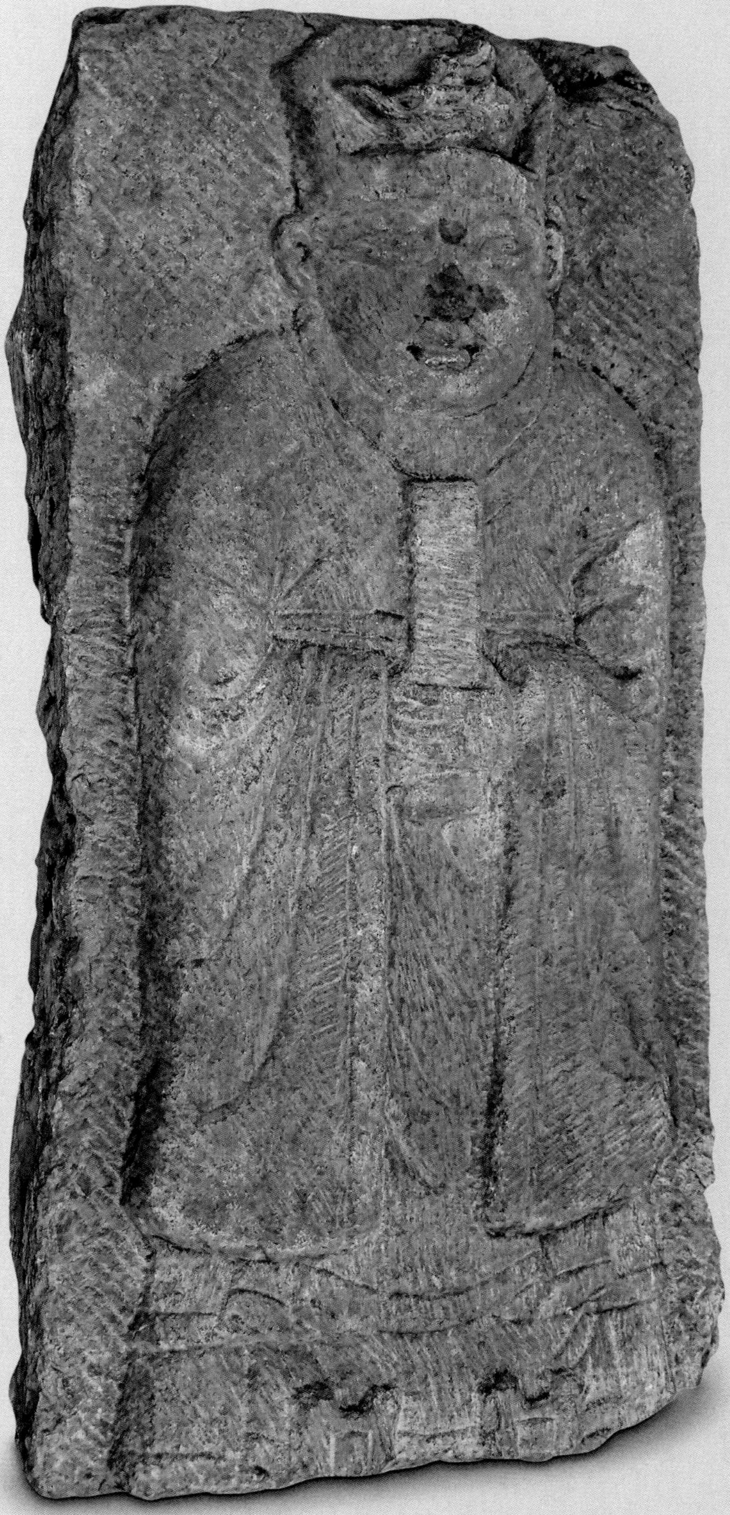

五代 晋王李克用墓十二生肖龙石浮雕像

- **No** 14092321800000400001336
- **藏** 代县博物馆
- **原** 00194-004
- **级** 一级
- **类** 雕塑、造像
- **代** 五代
- **cm** 高66，宽33，厚10
- **源** 1989年山西省忻州地区代县七里铺晋王李克用墓出土
- **入** 1989年

五代 晋王李克用墓十二生肖蛇石浮雕像

No 14092321800004000001208
藏 代县博物馆
原 00194-005
级 一级
类 雕塑、造像
代 五代
cm 高 66，宽 33，厚 10
源 1989 年山西省忻州地区代县七里铺晋王李克用墓出土
入 1989 年

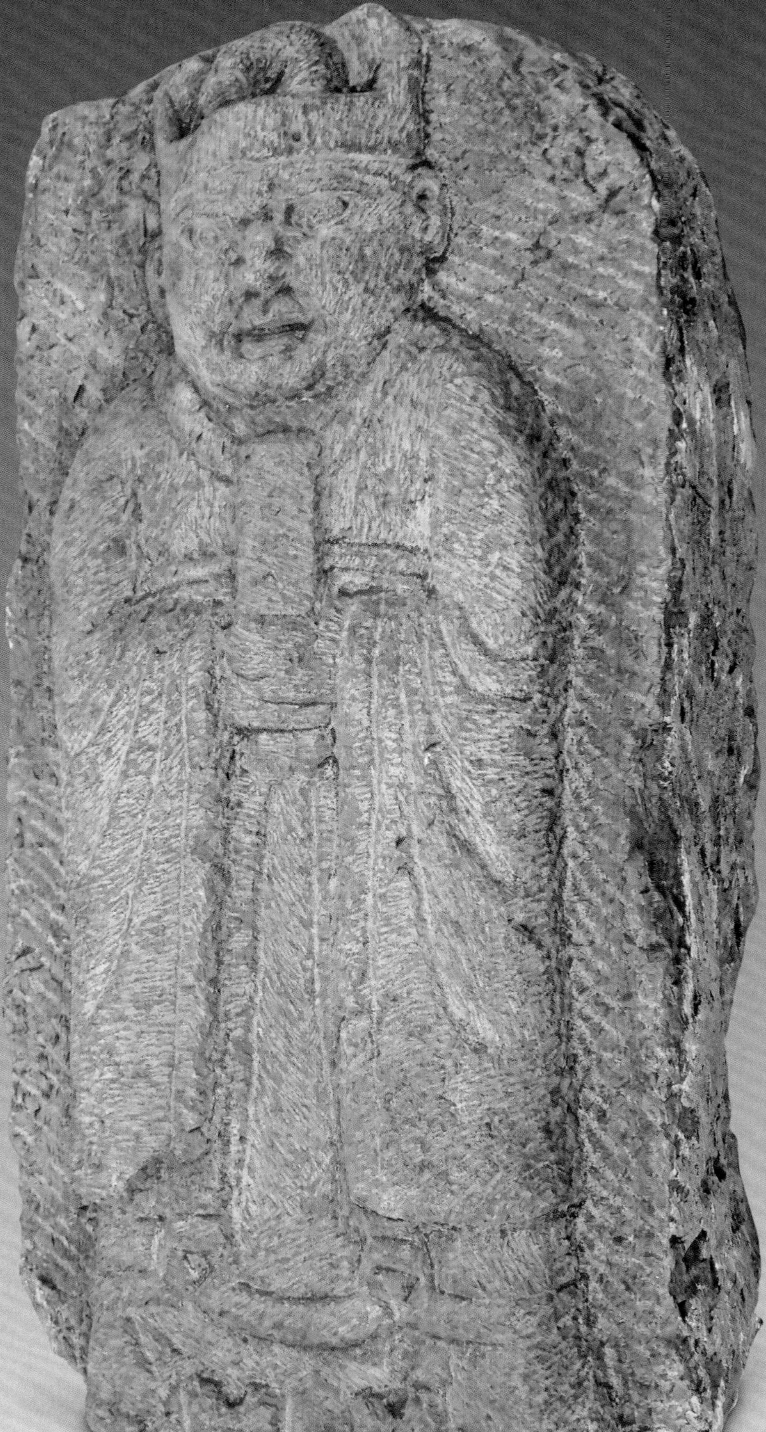

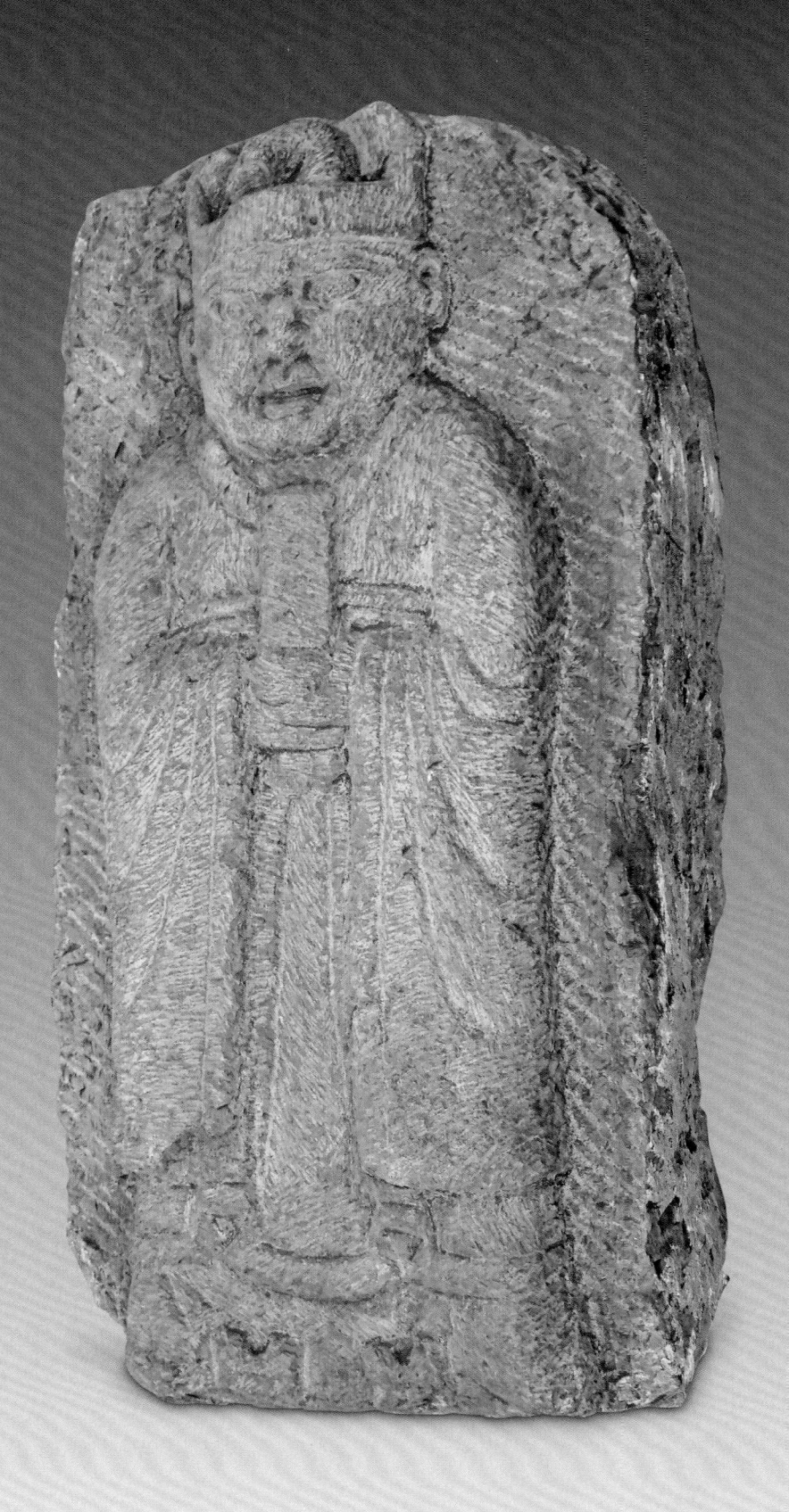

五代 晋王李克用墓十二生肖马石浮雕像

- **No** 1409232180000400001207
- **藏** 代县博物馆
- **原** 00194-006
- **级** 一级
- **类** 雕塑、造像
- **代** 五代
- **cm** 高66，宽33，厚10
- **源** 1989年山西省忻州地区代县七里铺晋王李克用墓出土
- **入** 1989年

山西珍贵文物档案

18

五代 晋王李克用墓十二生肖羊石浮雕像

No 140923218000040000１１８０
藏 代县博物馆
原 00194-007
级 一级
类 雕塑、造像
代 五代
cm 高 66，宽 33，厚 10
源 1989 年山西省忻州地区代县七里铺晋王李克用墓出土
入 1989 年

山西珍贵文物档案

18

五代 晋王李克用墓十二生肖猴石浮雕像

- No 14092321800004000000528
- 藏 代县博物馆
- 原 00194-008
- 级 一级
- 类 雕塑、造像
- 代 五代
- cm 高 66，宽 33，厚 10
- 源 1989年山西省忻州地区代县七里铺晋王李克用墓出土
- 入 1989年

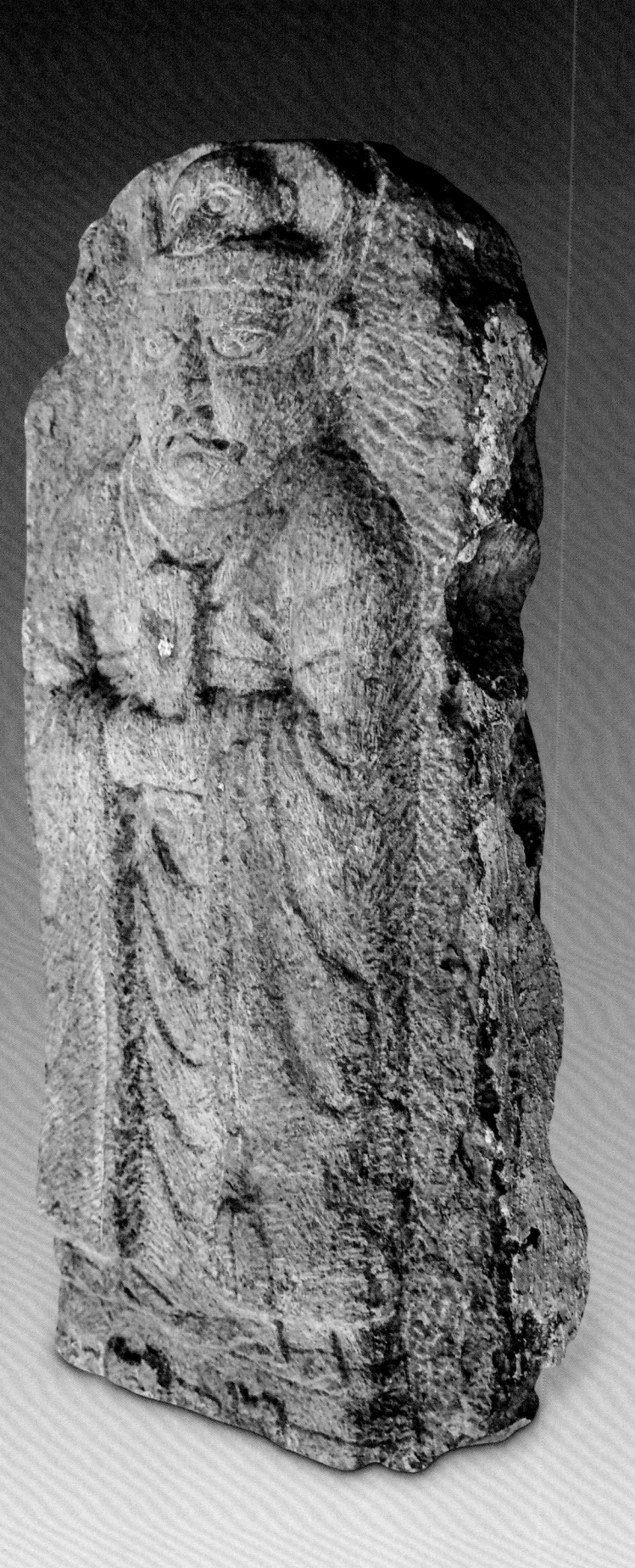

五代 晋王李克用墓十二生肖鸡石浮雕像

No 140923218000040000198
藏 代县博物馆
原 00194-009
级 一级
类 雕塑、造像
代 五代
cm 高66，宽33，厚10
源 1989年山西省忻州地区代县七里铺晋王李克用墓出土
入 1989年

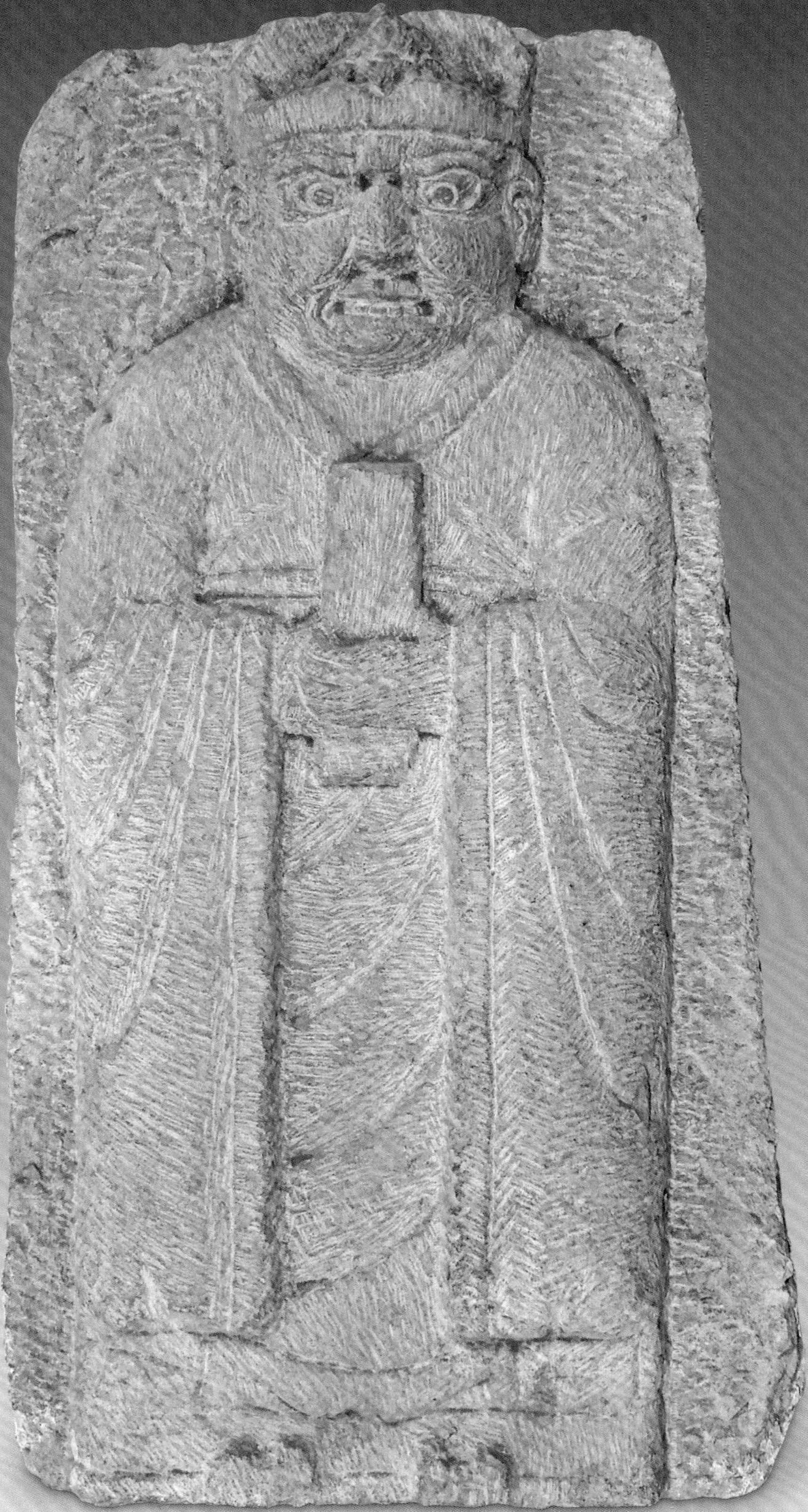

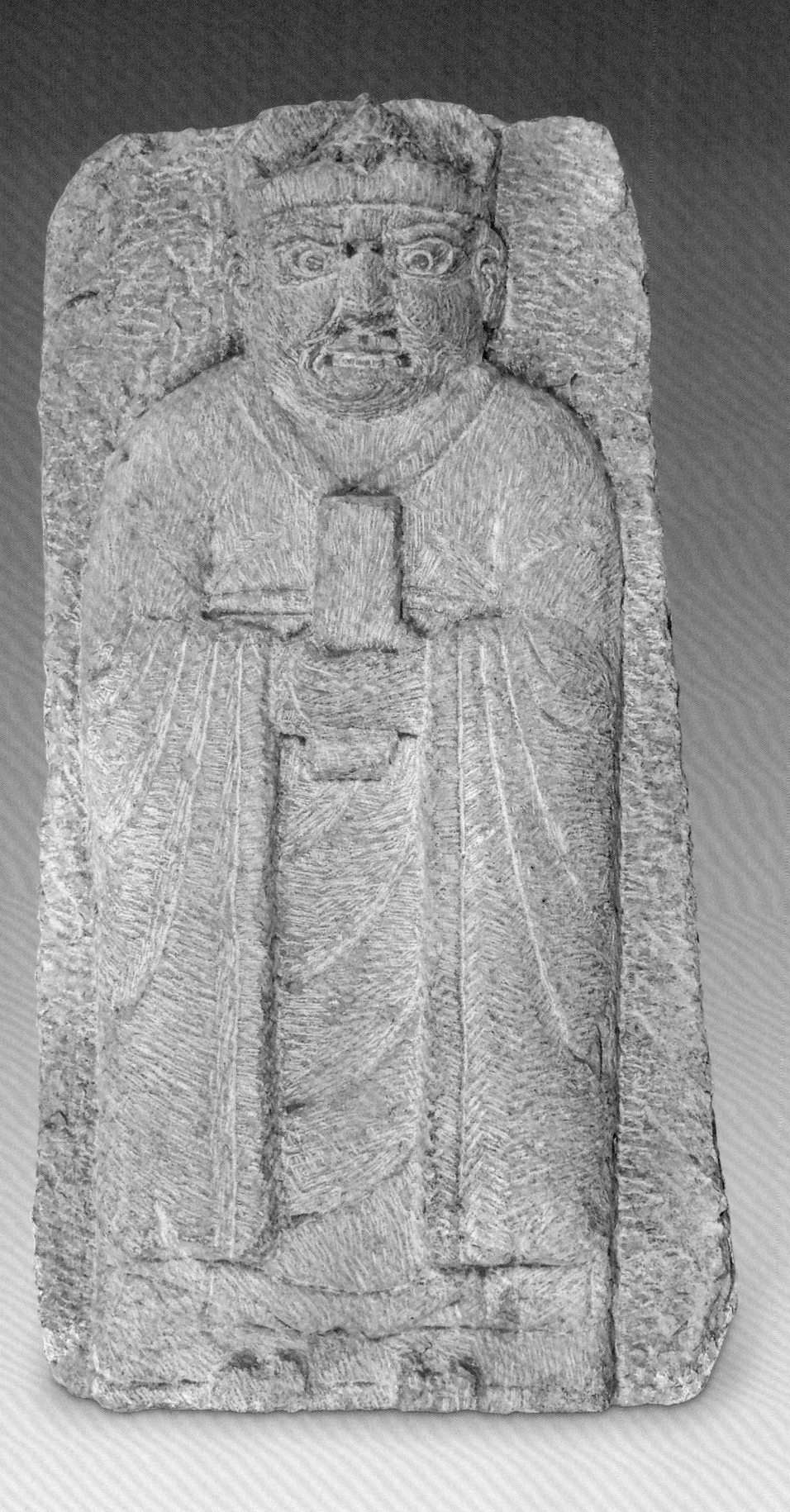

五代 晋王李克用墓十二生肖狗石浮雕像

- № 1409232180000400001339
- 藏 代县博物馆
- 原 00194-010
- 级 一级
- 类 雕塑、造像
- 代 五代
- cm 高 66，宽 33，厚 10
- 源 1989年山西省忻州地区代县七里铺晋王李克用墓出土
- 入 1989年

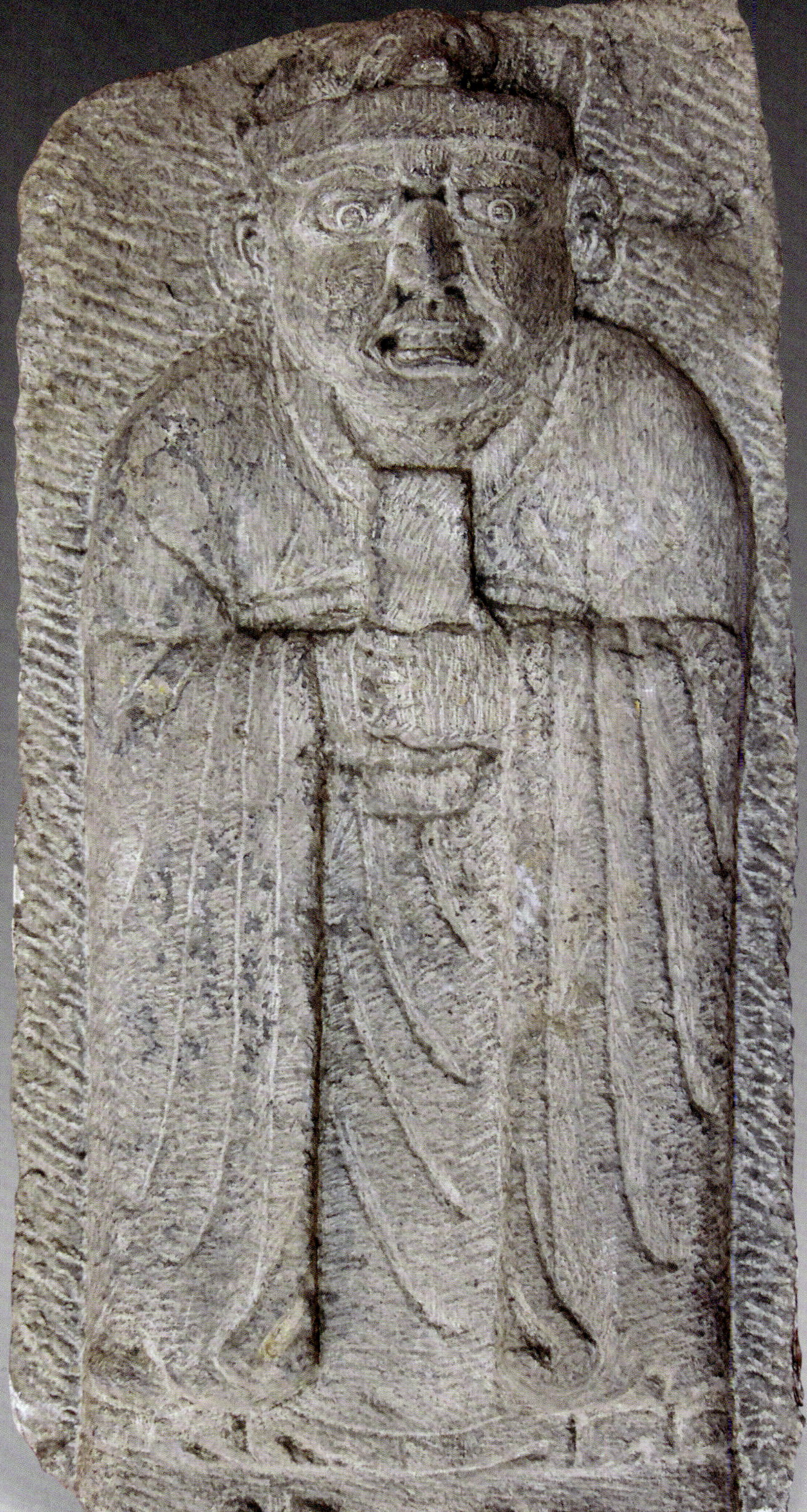

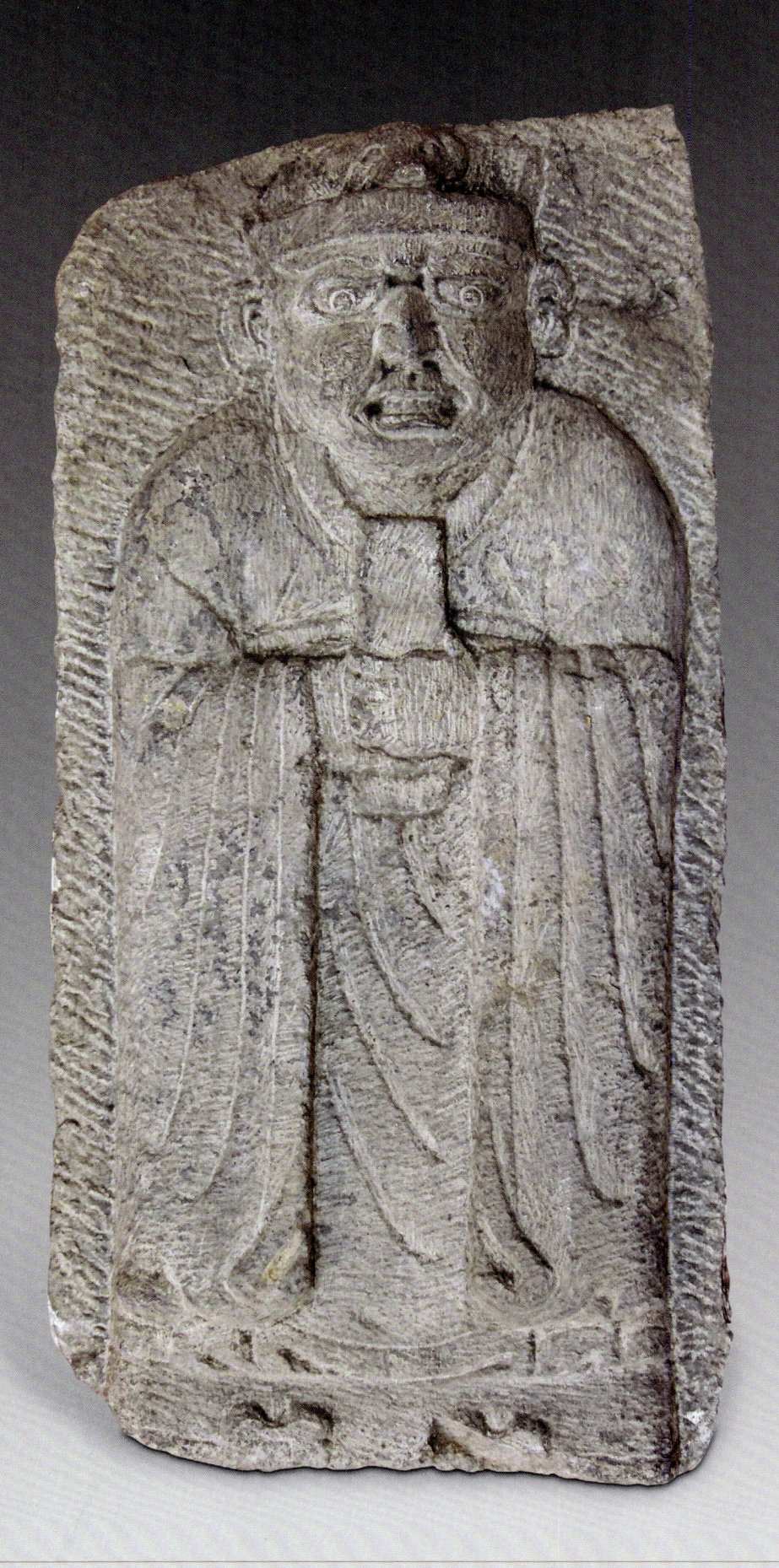

五代 晋王李克用墓十二生肖猪石浮雕像

- №　14092321800004000001161
- 藏　代县博物馆
- 原　00194-011
- 级　一级
- 类　雕塑、造像
- 代　五代
- cm　高 66，宽 33，厚 10
- 源　1989年山西省忻州地区代县七里铺晋王李克用墓出土
- 入　1989年

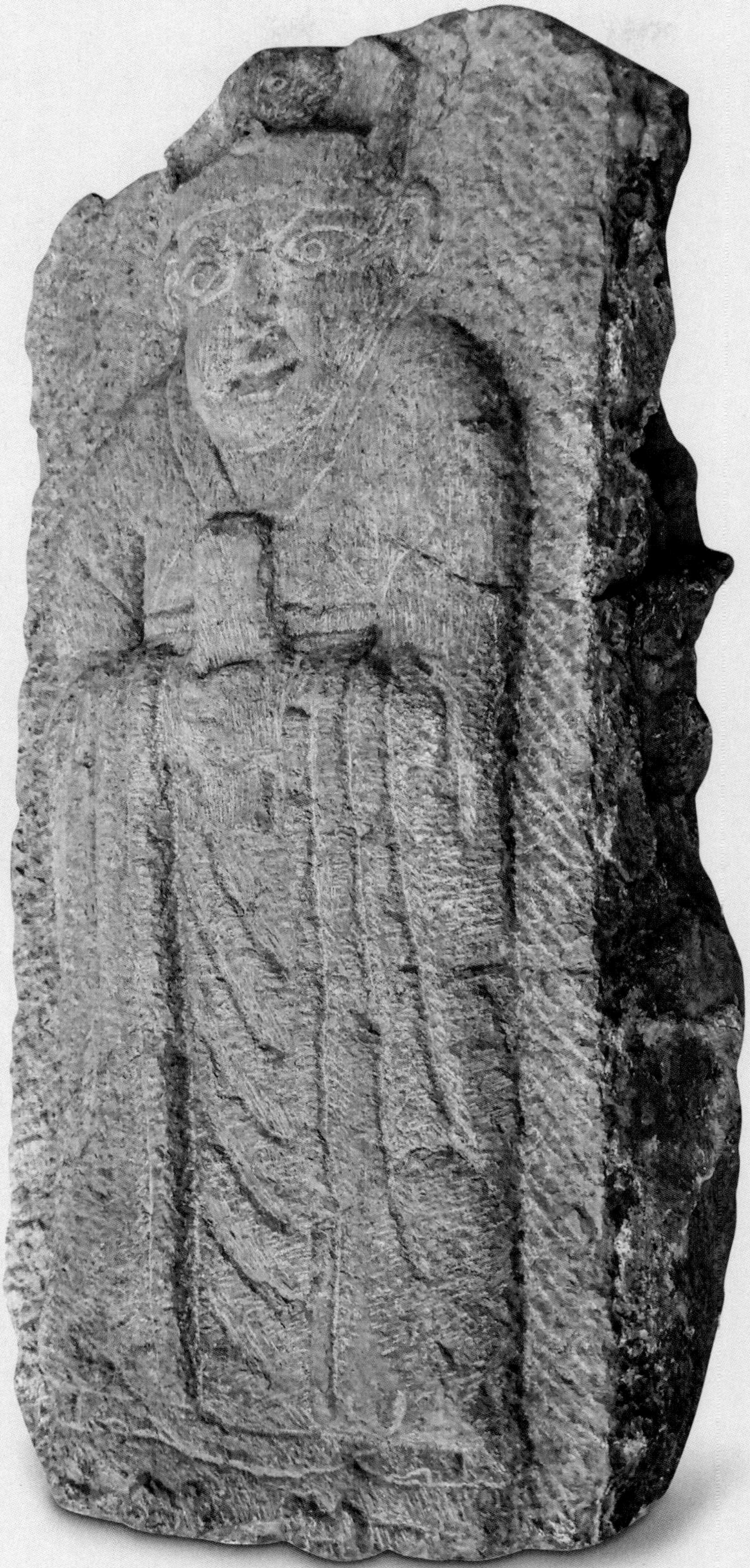

明 狮子莲花座文殊菩萨铜像

- No 14090221800102000000001
- 藏 原平市博物馆
- 原 0026-T133
- 级 一级
- 类 雕塑、造像
- 代 明
- cm 通高63.3,宽46
- 源 1991年山西省忻州地区原平县土圣寺万佛塔出土
- 入 1991年

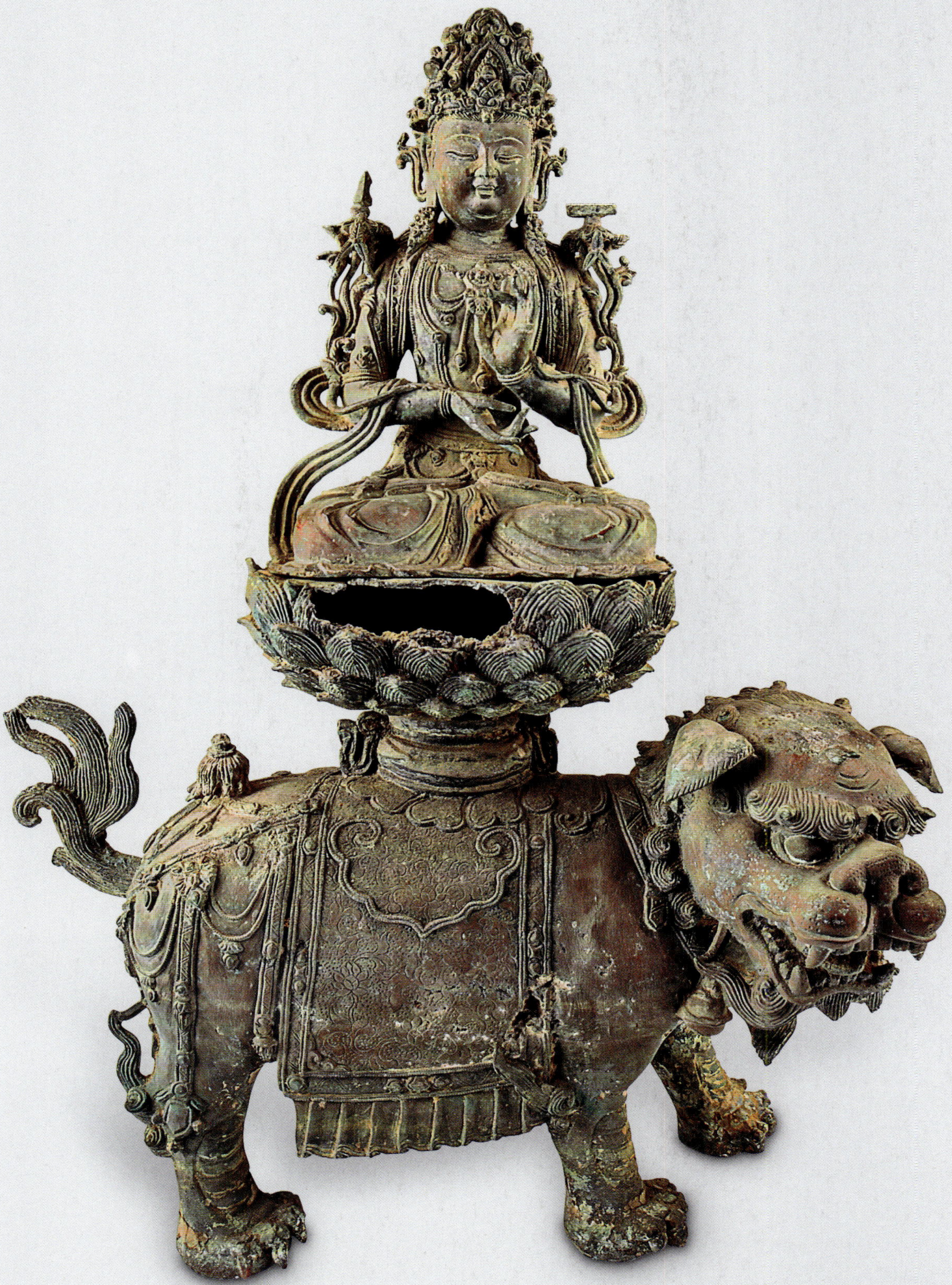

清 德化窑白釉送子观音瓷坐像

- No 14093221800007000001130
- 藏 偏关县博物馆
- 原 16
- 级 一级
- 类 雕塑、造像
- 代 清
- cm 通高 24.6，座宽 9.6
- 源 1984年山西省忻州地区偏关县文化馆移交
- 入 1984年

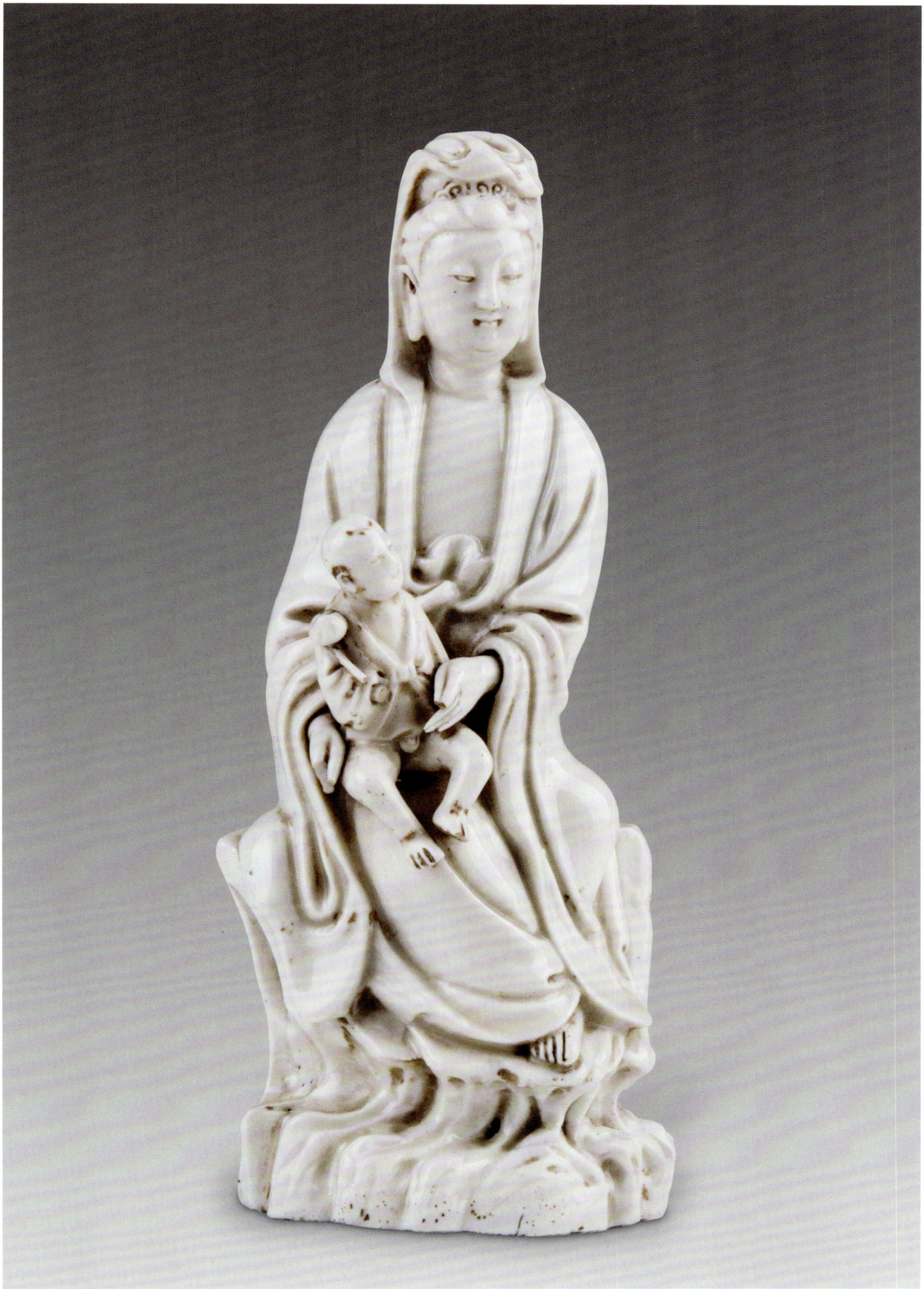

唐 八卦纹龟形银盒

- No 140902218001020000002767
- 藏 忻州市博物馆
- 原 B100
- 级 一级
- 类 金银器
- 代 唐
- cm 高 18.5，长 17.2，宽 11
- 源 1995 年山西省忻州地区纪检委移交
- 入 1995 年

山西珍贵文物档案

唐 鎏金摩羯纹银盏托

- No 140902218001020000 2760
- 藏 忻州市博物馆
- 原 B101
- 级 一级
- 类 金银器
- 代 唐
- cm 高 4.5，最大径 16.5，底径 10.5
- 源 1995 年山西省忻州地区纪检委移交
- 入 1995 年

山西珍贵文物档案 | 18

唐 鎏金鸳鸯团花提梁银罐

- №: 14090221800102000000003
- 藏: 忻州市博物馆
- 原: B102
- 级: 一级
- 类: 金银器
- 代: 唐
- cm: 高 24，口径 14，底径 13
- 源: 1995 年山西省忻州地区纪检委移交
- 入: 1995 年

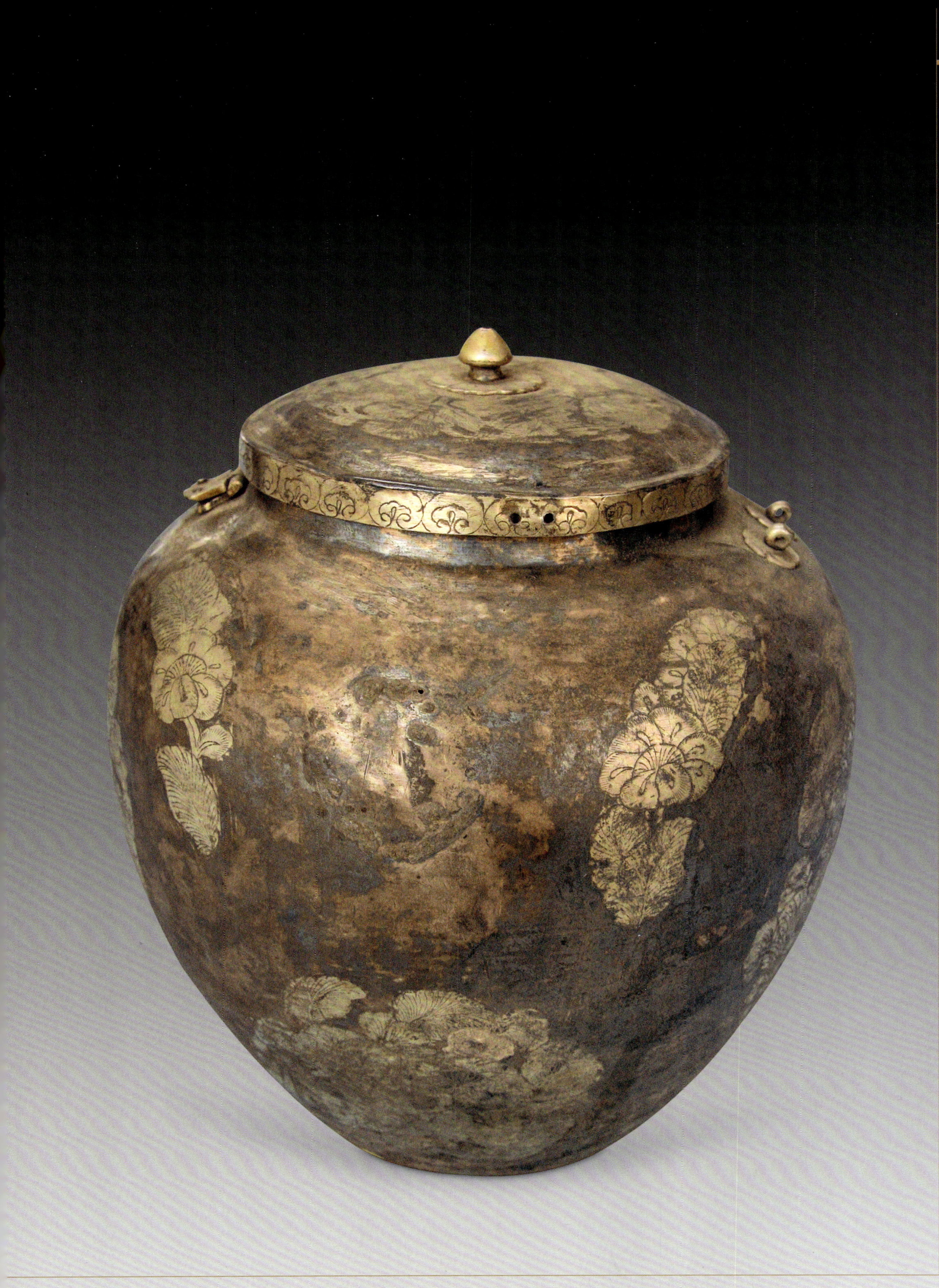

唐 团花摩羯纹银碗

- No 140902218001020000 2770
- 藏 忻州市博物馆
- 原 B103
- 级 一级
- 类 金银器
- 代 唐
- cm 高 7.5，口径 23.3，底径 12.5
- 源 1995 年山西省忻州地区纪检委移交
- 入 1995 年

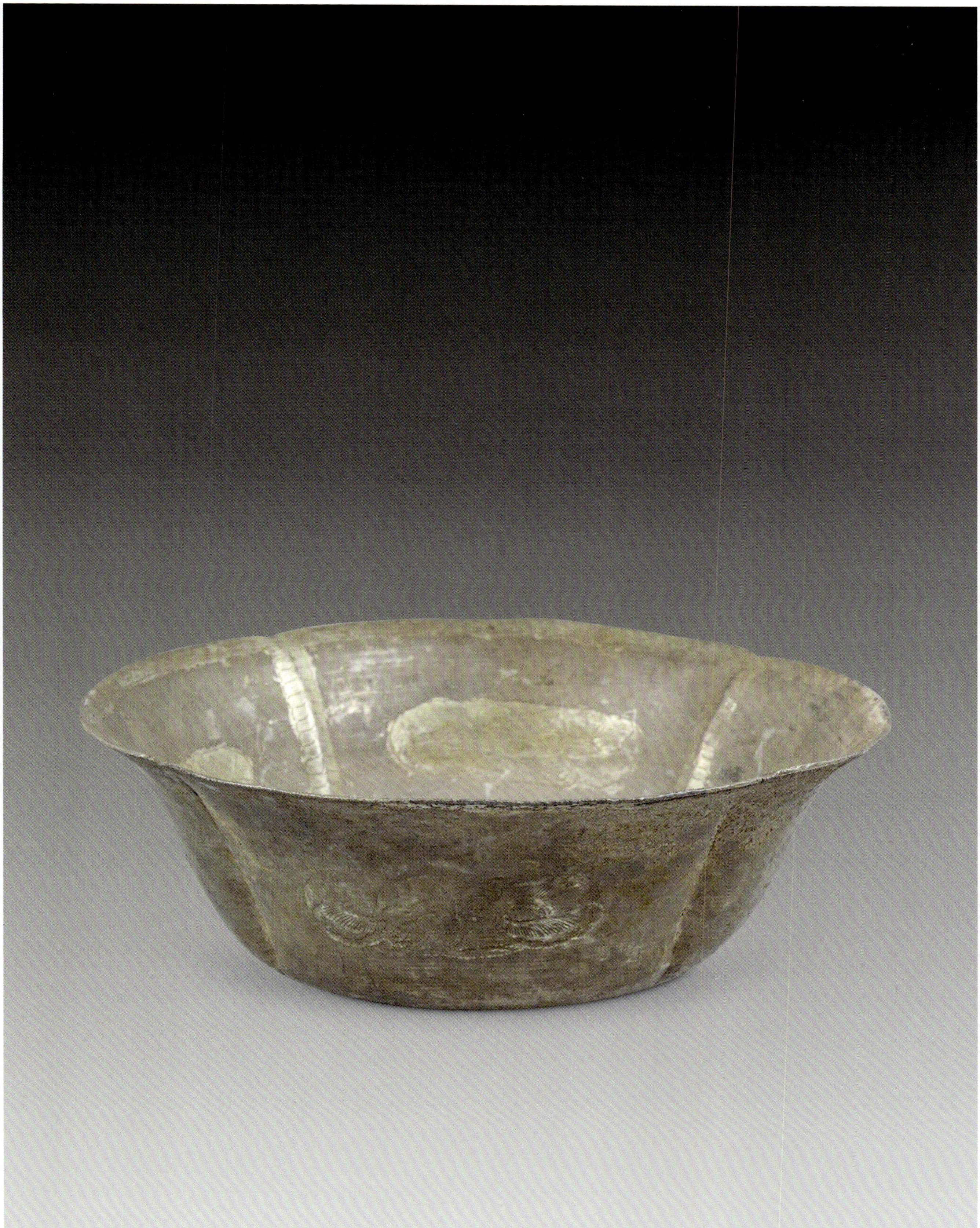

唐 海棠形银碟

- No 14090221800102000000001
- 藏 忻州市博物馆
- 原 B104
- 级 一级
- 类 金银器
- 代 唐
- cm 高 2.7，最大口径 14，最大底径 9.4
- 源 1995 年山西省忻州地区纪检委移交
- 入 1995 年

唐 海棠形银碟

- № 14090221800102000002032
- 藏 忻州市博物馆
- 原 B105
- 级 一级
- 类 金银器
- 代 唐
- cm 高 2.7，最大口径 14，最大底径 9.4
- 源 1995年山西省忻州地区纪检委移交
- 入 1995年

唐 五曲葵口银碟

- No 14090221800102000000550
- 藏 忻州市博物馆
- 原 B106
- 级 一级
- 类 金银器
- 代 唐
- cm 高 2.6，口径 12.4，底径 7.3
- 源 1995年山西省忻州地区纪检委移交
- 入 1995年

唐 五曲葵口银碟

- No 14090221800010200002299
- 藏 忻州市博物馆
- 原 B107
- 级 一级
- 类 金银器
- 代 唐
- cm 高 2.7，口径 12.4，底径 7.3
- 源 1995 年山西省忻州地区纪检委移交
- 入 1995 年

唐 四曲葵口银碟

- No 140902218001020000 2188
- 藏 忻州市博物馆
- 原 B108
- 级 一级
- 类 金银器
- 代 唐
- cm 高 1.6，口径 12.9，底径 7.7
- 源 1995 年山西省忻州地区纪检委移交
- 入 1995 年

唐 四曲葵口银碟

- No 1409022180010200000872
- 藏 忻州市博物馆
- 原 B109
- 级 一级
- 类 金银器
- 代 唐
- cm 高1.8，口径13，底径7.9
- 源 1995年山西省忻州地区纪检委移交
- 入 1995年

唐 五曲口银杯

- No 1409022180010200002052
- 藏 忻州市博物馆
- 原 B110
- 级 一级
- 类 金银器
- 代 唐
- cm 高 4.6，口径 11.9，底径 7.2
- 源 1995年山西省忻州地区纪检委移交
- 入 1995年

唐 白釉印花鸳鸯如意纹瓷盒

- **No** 140902218001020000454
- **藏** 忻州市博物馆
- **原** A821
- **级** 一级
- **类** 瓷器
- **代** 唐
- **cm** 长9.1，宽6，高5
- **源** 1991年山西省忻州市田村唐墓发掘出土
- **入** 1991年

宋 白釉剔花墨书诗文瓷梅瓶

- **No** 1409292180000300000005
- **藏** 岢岚县博物馆
- **原** 5
- **级** 一级
- **类** 瓷器
- **代** 宋
- **cm** 高 39.7，口径 5.5，底径 10
- **源** 1984 年山西省忻州地区岢岚县博物馆征集
- **入** 1984 年

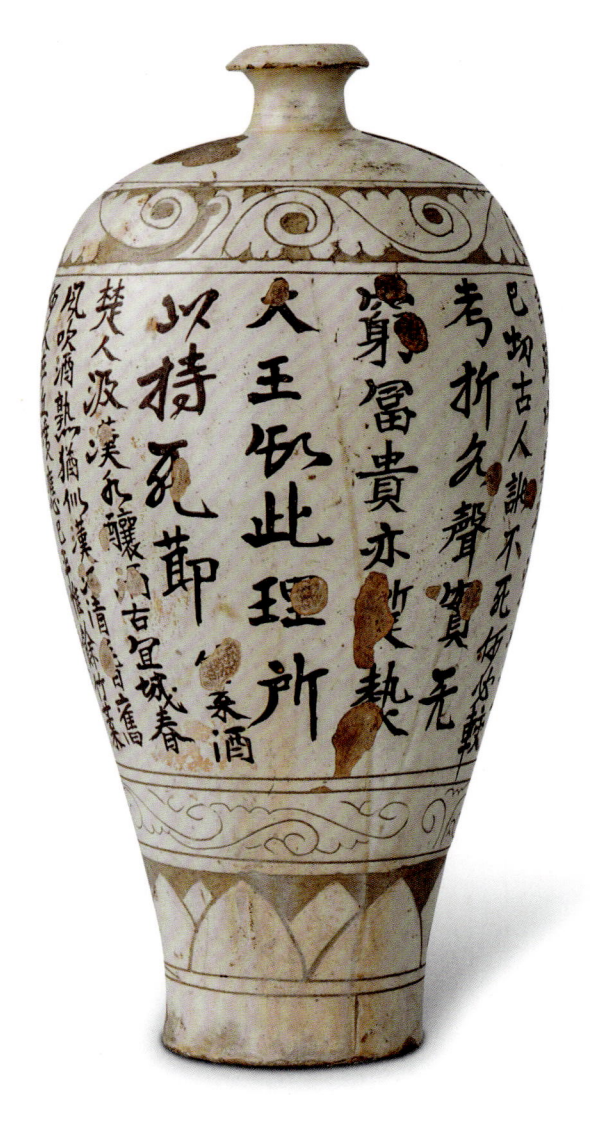

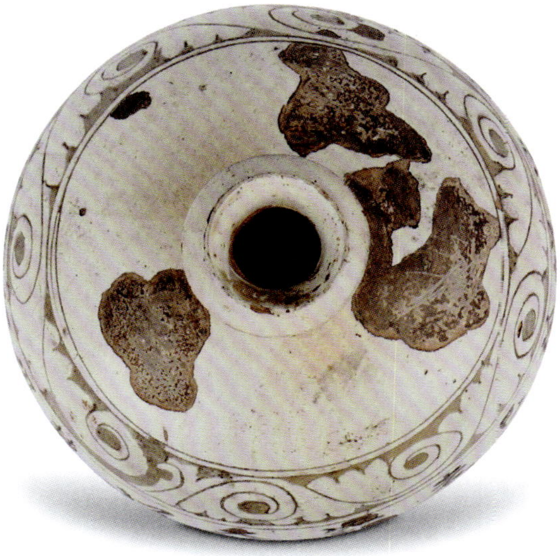

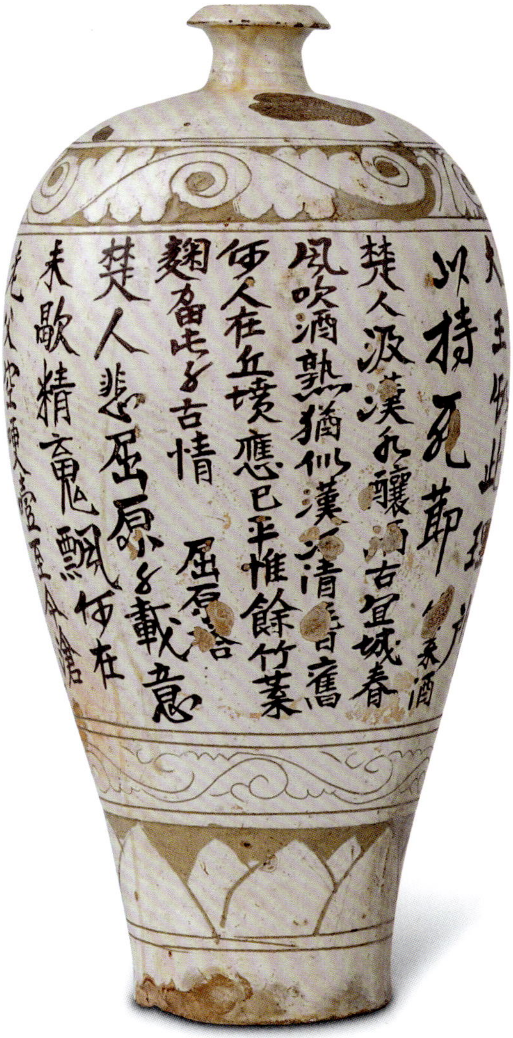

宋 珍珠地划花卷叶纹瓷枕

- No 14092421900002000000764
- 藏 繁峙县博物馆
- 原 XZ.1
- 级 一级
- 类 瓷器
- 代 宋
- cm 高 17，底长 24.1，底宽 12.3，面宽 12.3
- 源 1985年山西省忻州地区繁峙县文化馆移交
- 入 1985年

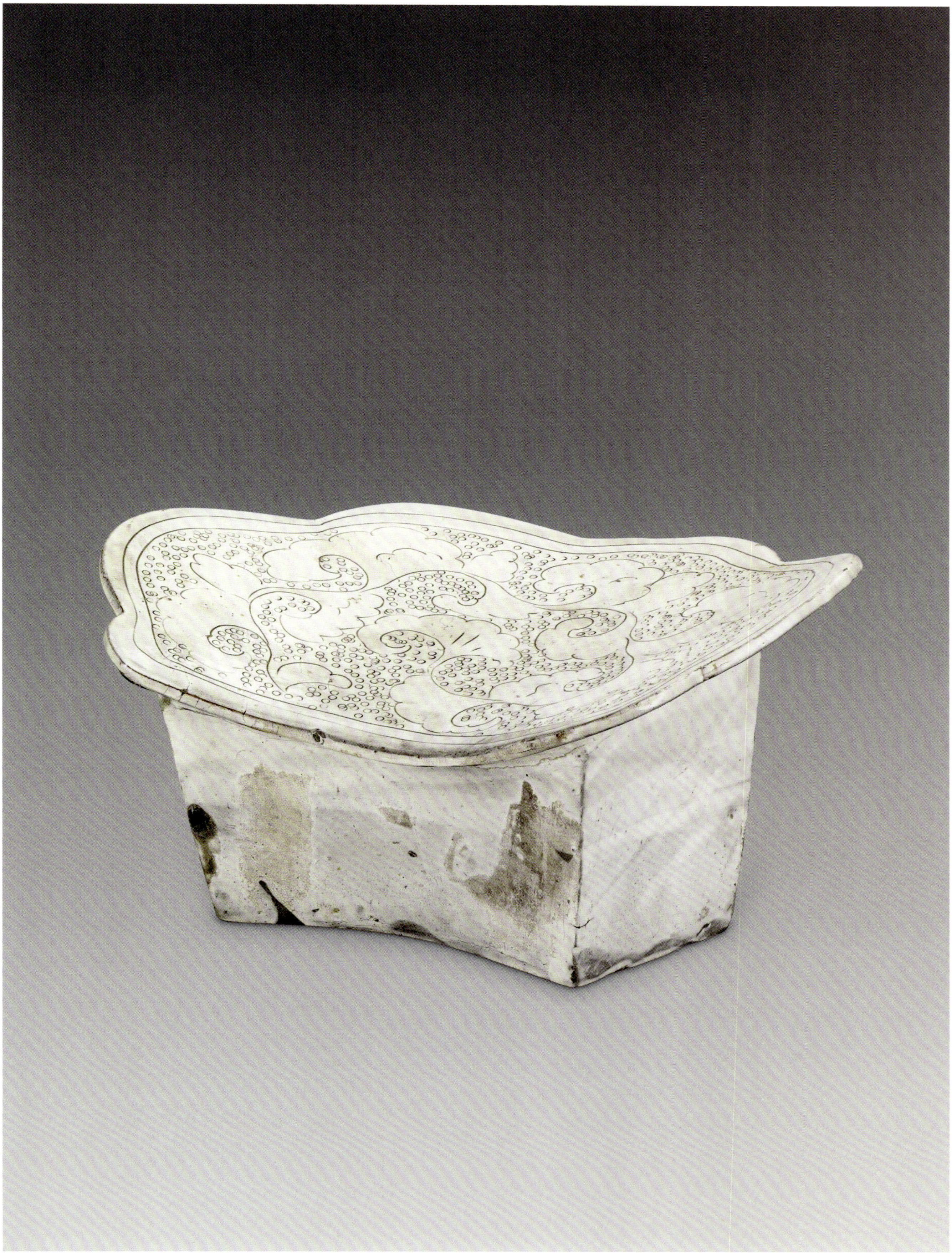

宋 绿釉剔刻花卉纹瓷罐

- **No** 140929218000030000061
- **藏** 岢岚县博物馆
- **原** 61
- **级** 一级
- **类** 瓷器
- **代** 宋
- **cm** 高 25.5，口径 15.7，底径 15.7
- **源** 1976 年山西省忻县地区岢岚县团城子村征集
- **入** 1984 年

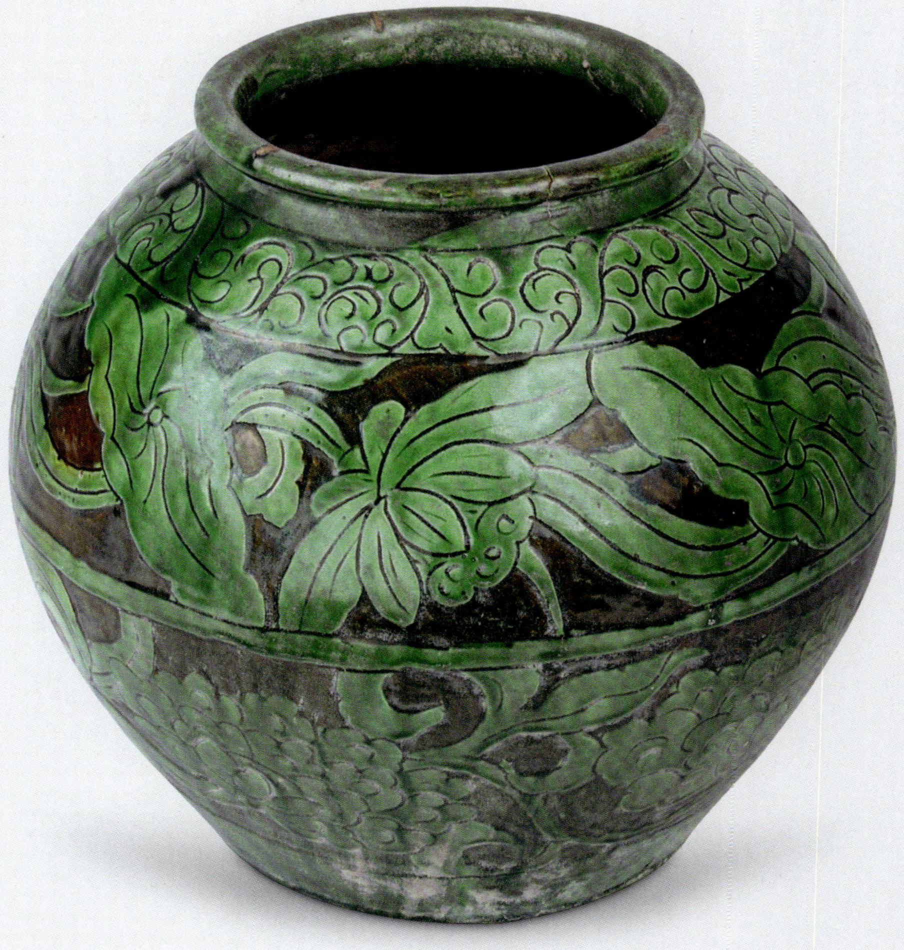

金 花鸟纹虎形瓷枕

- No 14092121800000100000003
- 藏 河边民俗博物馆
- 原 2-007
- 级 一级
- 类 瓷器
- 代 金
- cm 高 12，长 37，宽 16.5
- 源 1996年山西省忻州地区定襄县文物管理所移交
- 入 1996年

山西珍贵文物档案

18

93

元 青花云龙纹瓷梅瓶

- **No** 14090221800003000000133
- **藏** 忻府区文物保护所
- **原** 084
- **级** 一级
- **类** 瓷器
- **代** 元
- **cm** 高 43，口径 6.5，底径 14
- **源** 旧藏
- **入** 1984 年

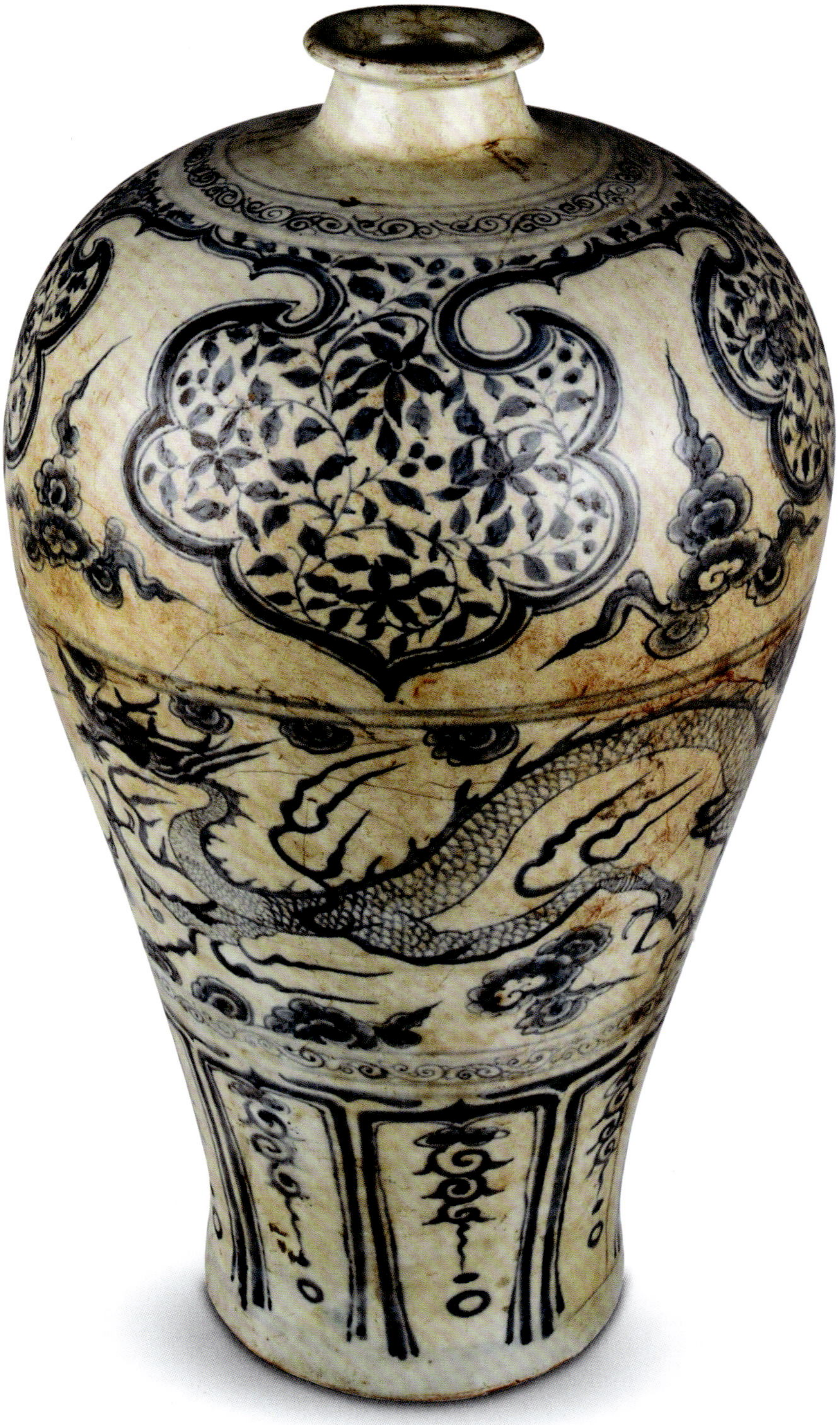

元 怀仁窑酱釉刻花瓷梅瓶

- № 14092121800000100000002
- 藏 河边民俗博物馆
- 原 156
- 级 一级
- 类 瓷器
- 代 元
- cm 高 42.3，口径 9.2，底径 15
- 源 1996 年山西省忻州地区定襄县文物管理所移交
- 入 1996 年

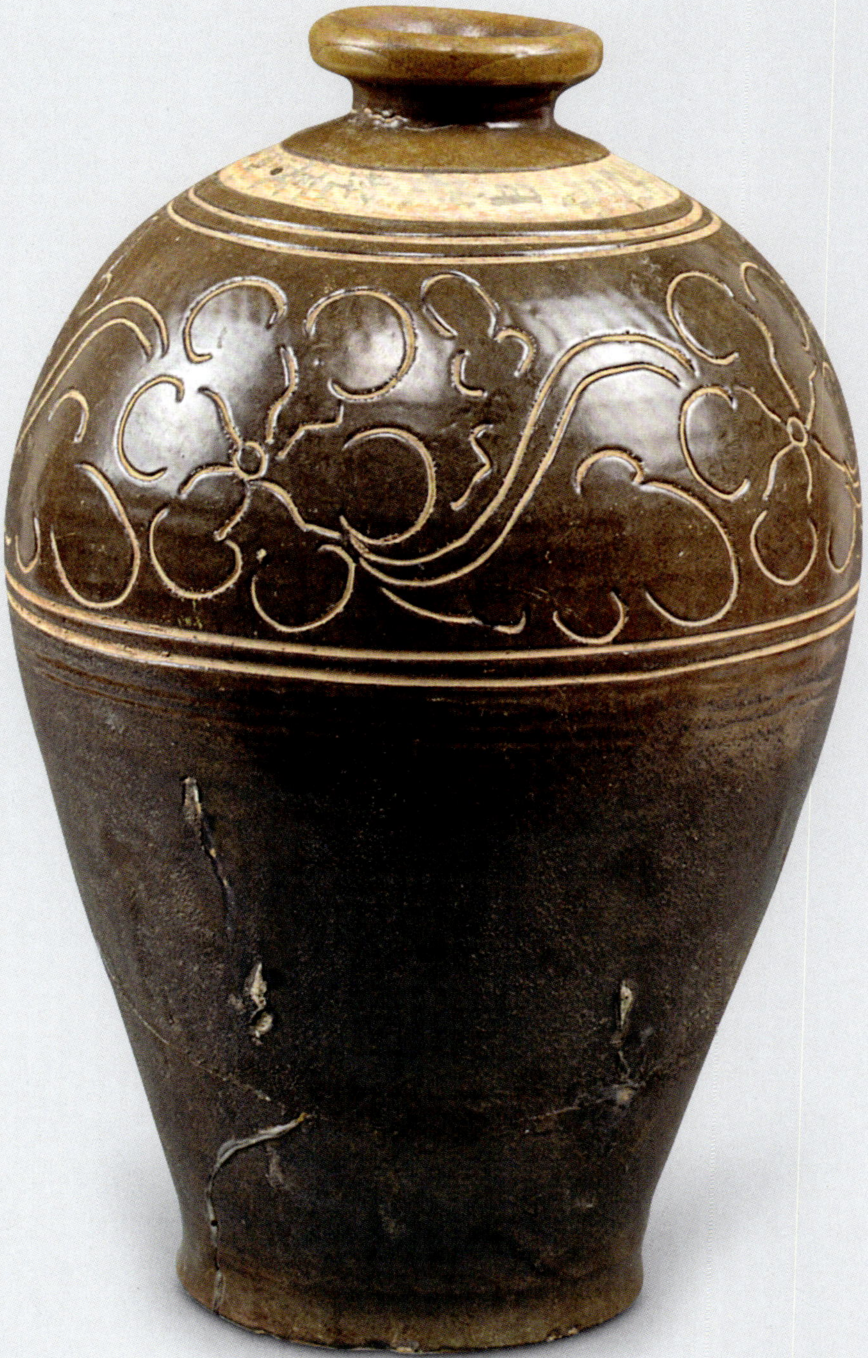

五代 天祐五年李克用石墓志

- **No** 14092321800004000001350
- **藏** 代县博物馆
- **原** 00176
- **级** 一级
- **类** 石器、石刻、砖瓦
- **代** 五代天祐五年（908）
- **cm** 志盖长95，宽92.5，厚26；墓志长95，宽92.5，厚26
- **源** 1989年山西省忻州地区代县七里铺晋王李克用墓出土
- **入** 1989年

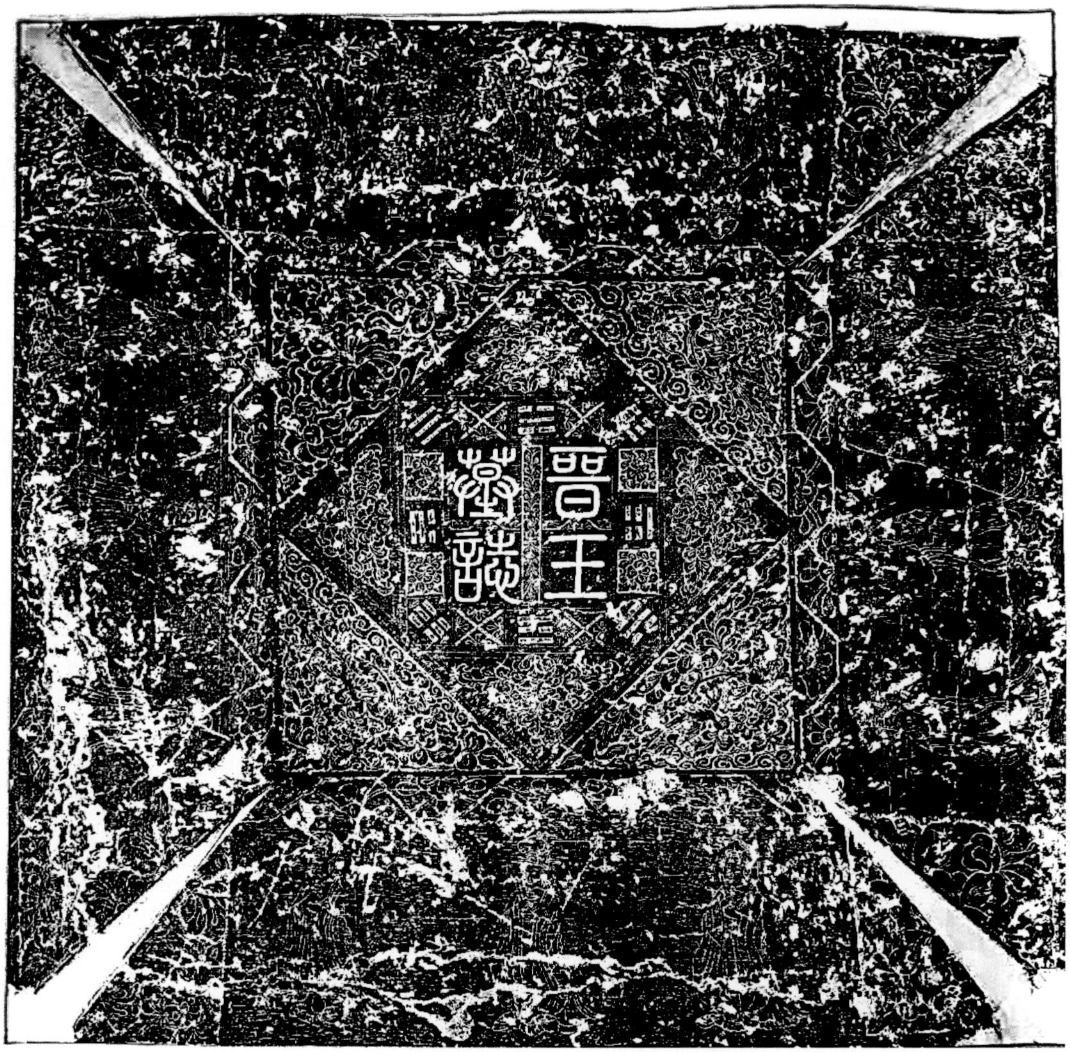
晉王墓誌

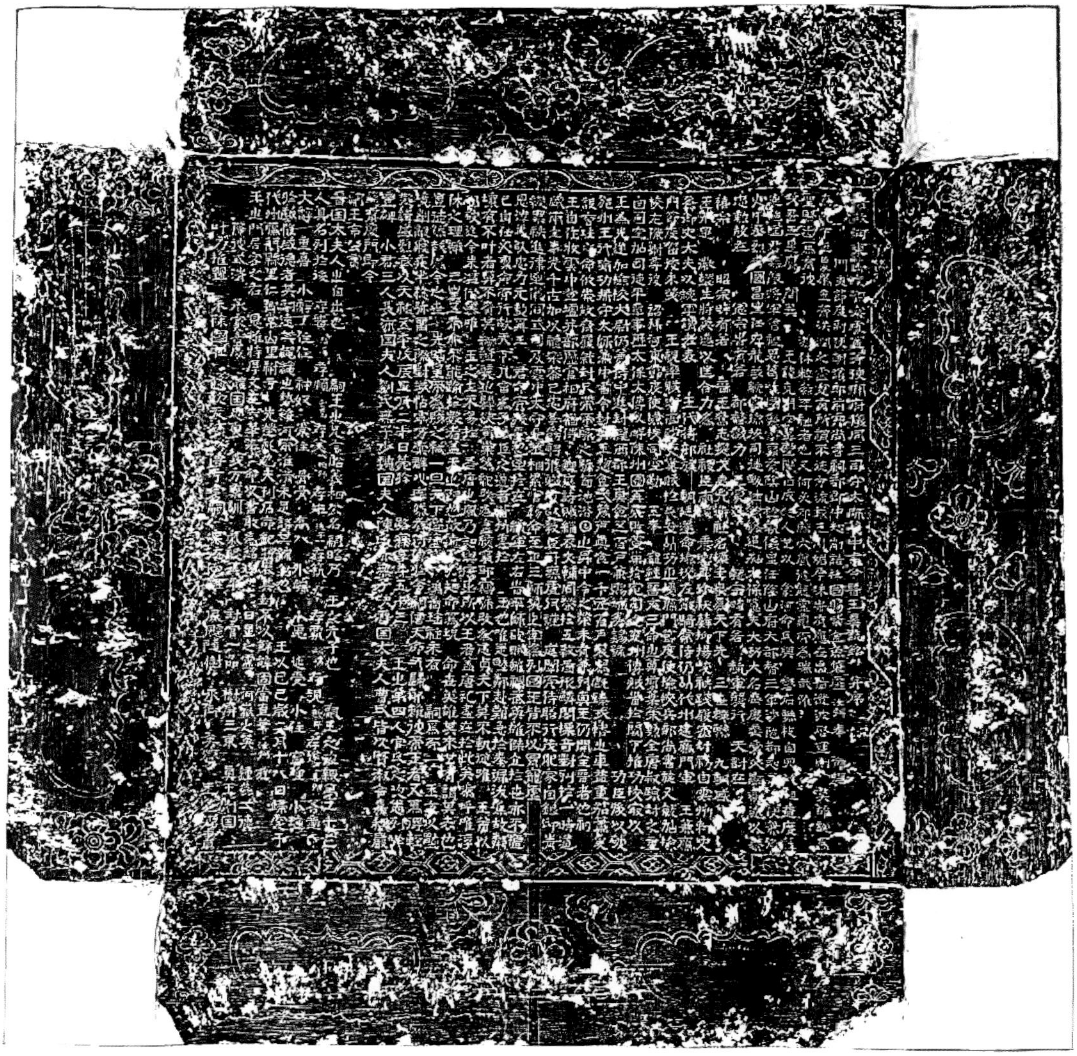

北宋 皇祐二年浮雕四神二十四孝方形石函

- **No** 14092321800004000001149
- **藏** 代县博物馆
- **原** 00170
- **级** 一级
- **类** 石器、石刻、砖瓦
- **代** 北宋皇祐二年（1050）
- **cm** 高92，上宽43.8，底宽50
- **源** 1959年山西省晋北专区代县瓦窑头村出土
- **入** 1959年

山西珍贵文物档案

18

金 陀罗尼经刻铭石棺

- № 1409232180000400001345
- 藏 代县博物馆
- 原 00171
- 级 一级
- 类 石器、石刻、砖瓦
- 代 金
- cm 通高74；盖长93.5，宽53.7；座长83.5，宽40
- 源 1997年山西省忻州地区代县文化馆移交
- 入 1997年

山西珍贵文物档案 18

北宋"淳化元宝"金币

- No 1409232180000400000831
- 藏 代县博物馆
- 原 00745
- 级 一级
- 类 钱币
- 代 北宋
- cm 外径 2.3，孔边长 0.5
- 源 1998 年山西省忻州地区代县法院移交
- 入 1998 年

金"尚书户部之印"铜印

- **No** 140930218000060000127
- **藏** 河曲县博物馆
- **原** A0001
- **级** 一级
- **类** 玺印符牌
- **代** 金
- **cm** 通高8.5，长7，宽6.8，厚1.3
- **源** 1985年山西省忻州地区河曲县旧县砖厂出土
- **入** 1985年

金 正大五年"台州之印"铜印章

- No 1409212180000100000001
- 藏 河边民俗博物馆
- 原 229
- 级 一级
- 类 玺印符牌
- 代 金正大五年（1228）
- cm 通高4，长6.2，宽6.2
- 源 1996年山西省忻州地区定襄县文物管理所移交
- 入 1997年

元 崞州诸军铜印

- **No** 1409022180010200000001
- **藏** 原平市博物馆
- **原** 0027-T141
- **级** 一级
- **类** 玺印符牌
- **代** 元
- **cm** 通高 5.1，长 7，宽 6.8，厚 1.5
- **源** 1984年山西省忻州地区原平县白高阜村出土
- **入** 1984年

元 崞州铜印

- № 1409022180010200000001
- 藏 原平市博物馆
- 原 0027-T142
- 级 一级
- 类 玺印符牌
- 代 元
- cm 通高 8.3，长 6.8，宽 6.7，厚 1.3
- 源 1984年山西省忻州地区原平县东社镇城头村村民捐赠
- 入 1984年

清 徐继畬"字健男号松龛"石印章

№	1409222180001000000001
藏	五台县博物馆
原	Y3
级	一级
类	玺印符牌
代	清
cm	高 5.5，长 3.5，宽 3.5
源	1998 年山西省忻州地区五台县村民捐赠
入	1998 年

金 天会七年《梁皇宝忏》经卷刻本

- № 140924219000002000000362
- 藏 繁峙县博物馆
- 原 07
- 级 一级
- 类 古籍图书
- 代 金天会七年（1129）
- cm 纵 28.5，横 880
- 源 2009 年山西省忻州市繁峙县干部捐赠
- 入 2009 年

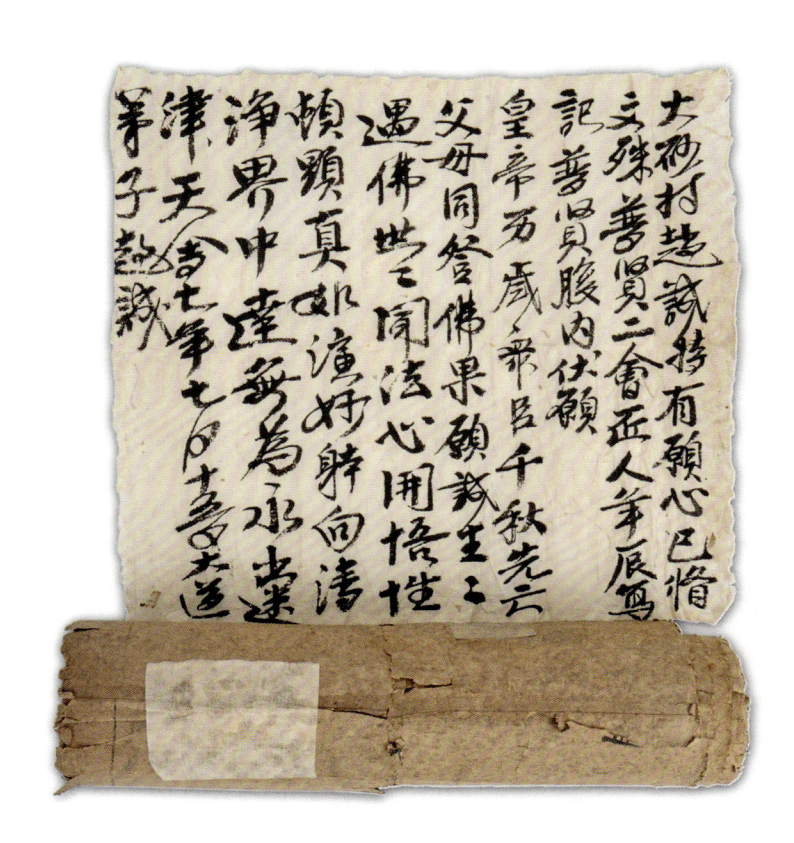

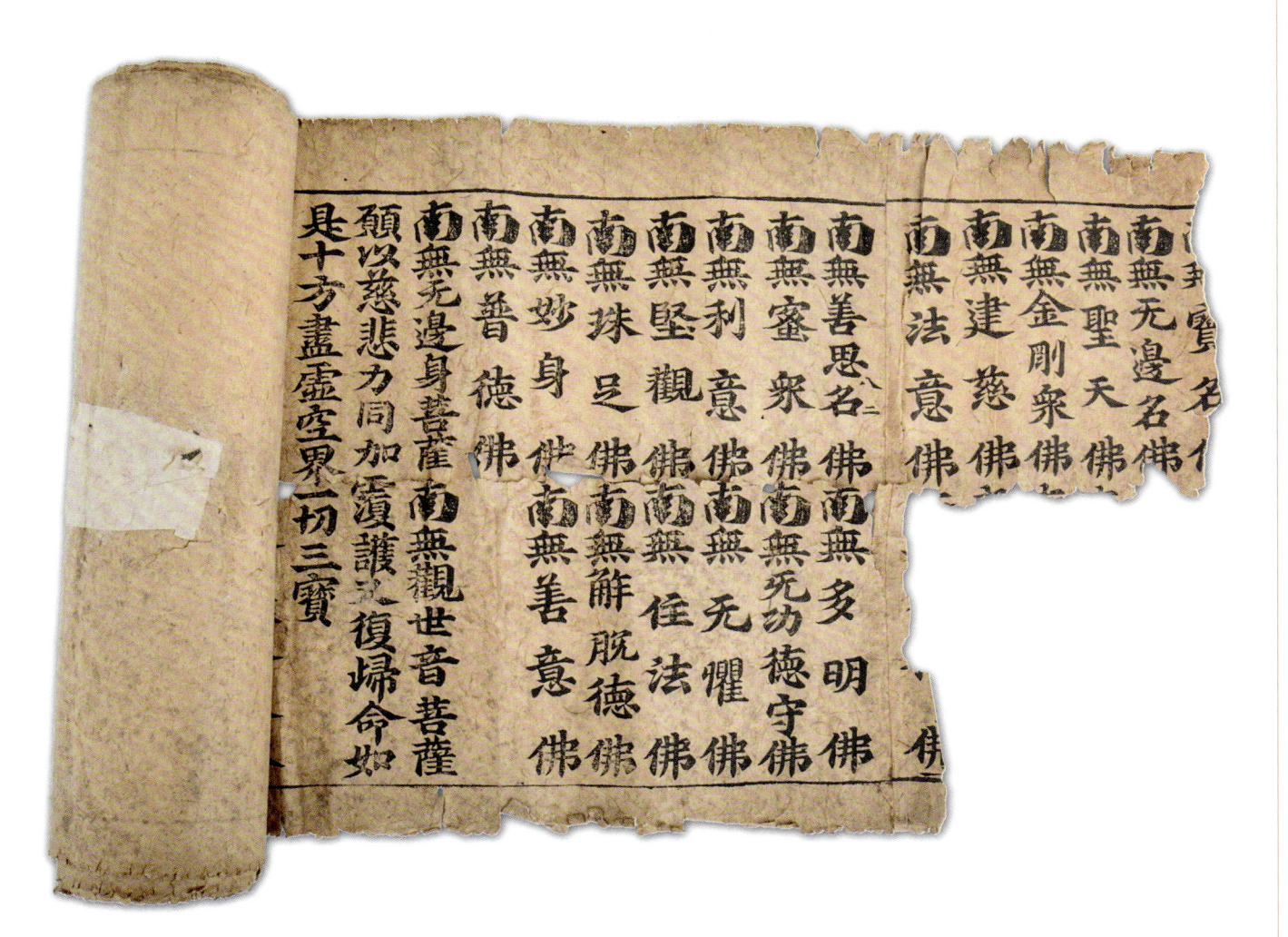

南無善思名佛南無多明佛
南無蜜眾佛南無无功德守佛
南無利意佛南無无懼佛
南無堅觀佛南無住法佛
南無珠足佛南無解脫德佛
南無妙身佛南無善意佛
南無普德佛
南無无邊身菩薩 南無觀世音菩薩
願以慈悲力同加覆護次復歸命如
是十方盡虛空界一切三寶

體投地奉為十方盡虛空界一切不思議龍王妙化龍王頭化提龍王五方龍王天龍王地龍王山龍王海龍王日宮龍王月宮龍王星宮龍王歲時龍王青海龍王護形令龍王護象生龍王乃至十方若內若外若近若遠東西南北四維上下遍空法界有大神呪力有大威德力如是一切龍王一切龍神各及眷屬歸命敬禮一切世間大慈悲父

南無彌勒佛 南無釋迦牟尼佛
南無妙智佛 南無梵積智佛
南無寶音佛 南無正智佛
南無力得佛 南無師子意佛
南無華相佛 南無功德藏佛
南無華齒佛 南無希有名佛
南無名寶佛 南無无畏佛
南無日明佛 南無梵壽佛
南無上佛 南無樂智佛
南無一切寶佛 南無珠藏佛
南無德流布佛 南無智王佛
南無无縛佛 南無堅法佛
南無天德佛

南無妙臂佛 南無大車佛
南無滿願佛 南無德光佛
南無寶音佛 南無金剛軍佛
南無冨貴佛 南無師子力佛
南無淨目佛 南無无邊身菩薩
南無觀世音菩薩

願以慈悲力同加覆護又復歸命
如是十方盡虛空界一切三寶
頭大魔王五帝大魔一切魔王各
及眷屬無始以來至於今日一切
緣障皆得清淨一切罪業皆得消
滅一切眾苦皆得解脫四無量心
六波羅蜜常得現前四無礙智六
神通力如意自在行菩薩道不休
不息先度眾生然後作佛

已為天道竟次為人道禮佛
為人道禮佛第二十
今日道場同業大眾相與已得奉
為諸天諸仙龍神八部禮佛竟次
應奉為人道人王禮佛報恩
為父母師長一切人民何以故
介若無國王一切眾生無所依附
由大王故一切得住行國王地飲
國王水諸餘利益不可具說大眾

南無法意佛
南無金剛眾佛
南無建慈意佛
南無聖天佛
南無无邊名佛
南無善思名佛
南無多明佛
南無无功德守佛
南無利意佛
南無堅觀佛
南無无懼佛
南無任法佛
南無辞脱德佛
南無珠足佛
南無善意佛
南無妙身佛
南無善德佛
南無无邊身菩薩 南無觀世音菩薩
南無慈悲力同加擁護又復歸命如
是十方盡虛空界一切三寶
頭以慈悲力同加擁護又復歸命如
頭阿脩羅王一切阿脩羅各及眷
属又頭聰明正直天地靈空王善
罰惡守護持呪八部神王八部神将
各及眷属辞脱客塵清淨緣障
發起大乘修無礙道四無量心六波
羅蜜常得現前四辯六通如意自
在恒以慈悲救護眾生行菩薩道
入佛智慧度金剛心成芽正覺 一拜

南無天德佛
南無无邊身菩薩 南無觀世音菩薩
頭以慈悲力同加擁受又復歸命如
是十方盡虛空界一切三寶
頭諸龍王各及眷属增暉光明神
力自在以無相辞斷除緣障永離
惡趣常得現前四無礙辯六神通力隨
心自在以慈悲力拯接一切妙行座
嚴過法雲地入金剛心成芽正覺
奉為魔王禮佛第十九
今日道場同業大象重復志誠
奉為大魔王五帝大魔乃至東
西南北四維上下盡虛空界一切魔
王各及眷属歸命敬禮一切世間
大慈悲父
南無彌勒佛 南無釋迦牟尼佛
南無梵乍尼佛 南無安詳行佛
南無勤精進佛 南無炎肩佛
南無大威德佛 南無蒼首華佛
南無歡喜憧佛 南無善愛佛
南無帝蔓色佛 南無眾妙佛
南無須蔓色佛

南無月光佛 南無持明佛
南無善寂行佛 南無不動佛
南無大請佛 南無德法佛
南無莊嚴王佛 南無高出佛
南無炎熾佛 南無華德佛
南無寶嚴佛 南無上善佛
南無寶玉佛 南無利慧佛
南無嚴玉佛 南無无邊身菩薩
南無觀世音菩薩
願以慈悲力同加攝受又復歸命
如是十方盡虛空界一切三寶
願當令皇帝菩薩一切國王聖體
康御天威振遠帝基永固慧命无
窮慈沾無際有識歸心菩薩威化
神通三昧惣持應念現前慈悲即
天人讚御四等六度日夜增明四
無礙辯樂說無盡得八自在具六
世恩遍六道萬行早圓速登正覺
奉為諸王第二十
今日道場同業大衆重復志誠五
體投地奉為皇太子殿下臨川諸
王各及眷屬歸依世間大慈悲父
南無彌勒佛 南無釋迦牟尼佛
南無彌海得佛 南無梵相佛

情深寧自危身安立其子至年長
大訓以仁禮洗掌求師頡道經義
時刻不忘企及人漸而當供給不
怪家寶念思慮結有亦成病臥不
安席常憶其子天子恩重世寶無
二所以佛言天下之恩莫過父母
夫捨家人赤能得道唯勤學業為
善莫廢積德不止必能報恩相與
志心等一痛切五體授地各自奉為
有識神以來至于今日經生父母
歷劫親緣一切眷屬歸依世間大
慈悲父
南無彌勒佛 南無釋迦牟尼佛
南無如王佛 南無調御佛
南無智聚佛 南無華相佛
南無羅睺羅佛 南無大藥王佛
南無宿王佛 南無藥王佛
南無德手佛 南無得义加佛
南無流布王佛 南無日光佛
南無法藏佛 南無妙意佛
南無德主佛 南無金剛衆佛
南無慧行佛 南無善住佛
南無意行佛 南無梵音佛
南無師子佛 南無雷音佛

國王水諸餘利益不可具說大眾
宜各起報恩心經言若能一日一
夜六時忍苦為欲利益奉報恩者
當發如是等心習行慈悲以是願
方報國王恩報施主恩又當念行
道報父母慈育之恩又當行道報
師長慈訓之恩次後運心念念如來
恩若能志心常念不絕者如是等
人得入道疾令日道場同業大眾
知恩報恩我等今日既仰賴國王
於志求來世中興顯佛法種種供養
不惜財寶率土臣民望風歸附又
諸佛大聖慈恩開誘殷勤念此令
願我等速出生死闇無量法門開
初無留難凡百不預唯獎以善皆
令出家之人安身行道佳佳堂卧
人天正路而國王有如此恩德豈
得不人人禮拜奉報相與志心等
一痛切奉為國王歸依世間大慈悲父
南無釋迦牟尼佛
南無彌勒佛　南無淨意佛
南無迦葉佛　南無猛威德佛
南無知次第佛　南無日光曜佛
南無大光明佛　南無小利茨佛
南無爭義佛　南無□□□□

南無□□□□海得佛南無梵相佛
南無月盡佛南無多炎佛
南無違藍佛南無智稱佛
南無覺想佛南無功德光佛
南無聲流布佛南無滿月佛
南無華光佛南無善戒王佛
南無燈王佛南無電光佛
南無光王佛南無光明佛
南無具足讚佛南無華嚴佛
南無羅睺天佛南無无邊身菩薩
南無觀世音菩薩
願以慈悲力同加覆護又復歸依
如是十方盡虛空界一切三寶
願皇太子殿下臨川諸王各及眷
屬身心安樂妙華無窮行大乘道
入佛智慧被迴初擔不捨一切四等
六度常得現前六通三達善識根
性具二症嚴神力自在行如來慈
化四生
奉為父母第二十二
今日道場司奉大眾次大願集貞□

志慈志孝審上報恩相與今日若
有過去者應當悲泣追悔懊惱鳴
呼哽慟奉為歸依五體投地其甲
等(稱懺)(主名)奉為過去父母歷劫親緣
歸依世間大慈悲父
南無彌勒佛南無釋迦牟尼佛
南無梵王佛南無牛王佛
南無梨陁目佛南無龍得佛
南無寶相佛南無花得佛
南無不沒音佛南無莊嚴佛
南無音得佛南無師子佛
南無莊嚴辟佛南無勇智佛
南無華積佛南無華開佛
南無力行佛南無得積佛
南無上形色佛南無明曜佛
南無月燈佛南無威德王佛
南無上眼佛南無身充滿佛
南無菩提眼佛南無无盡佛
南無(八十一)慧幢佛南無威德身菩薩
南無觀世音菩薩
南無邊身菩薩
願以慈悲力救護挻接又復歸
依如是十方盡虛空界一切三寶
願大衆各有過去父母歷劫眷屬
從今日去至于道場一切罪緣皆
(得?)(消?)(滅?)(一切?)(福德?)(皆?)(具?)

南無審上佛南無清涼照佛
南無慧德佛南無妙音聲佛
南無導師佛南無无破藏佛
南無上施佛南無大尊佛
南無帝王佛南無力
南無威德佛南無割力
南無智勢佛南無善明佛
南無名聞佛南無端嚴佛
南無師子軍佛南無珠滕佛
南無无塵垢佛南無威儀佛
南無名者佛南無天王佛
南無大藏佛南無福德光佛
南無梵間佛南無无邊身菩薩
南無觀世音菩薩
願以慈悲力同加攝受又復歸依
如是十方盡虛空界一切三寶
願和上向闍梨同壇尊證上中下
坐各及眷屬從今日去至坐道場
一切罪障皆得清淨一切衆菩惹
得解脫一切煩惱皆得斷除隨念
往生諸佛淨土菩提行願皆悉具
足財施无盡法施无盡福德无盡

南無師子佛南無雷音佛
南無通相佛南無慧音佛
南無安隱佛南無无邊身菩薩
南無觀世音菩薩
願以慈悲力同加攝受又復歸依
如是十方盡虛空界一切三寶
願父母親緣各及眷屬從今日去
至于菩提一切罪障皆得除滅一
切眾苦畢竟解脫結習煩惱永得
清淨長辝四趣自在往生親侍諸
佛覩前受記四無礙智六波羅蜜
常不離行四無礙智六神通力如
意自在得佛十力相好嚴身同坐
道場咸等正覺 一升

今日道場同業大眾其中若有父
母少便孤亡難復再遇万劫悠然
既未得神通天眼不知父母捨報
神識更生何道唯當竟設福力追
而報恩為善不止切成必致經言
為亡人作福如餉遠人若生人天
增益切德若處三途或在八難速
令解脫生若值佛受正法教永離

得消彌一切苦果永得除滅煩惱
結業畢竟清淨斷三障緣无五怖
畏行菩薩道廣化一切諸惱諸不
起知彼冤物面奉慈顏諸逍遙過諸
佛土行願早圓速成正覺 一升

今日道場同業大眾相與已為父
母親緣礼佛竟復應念師長恩
奉為師長第二十四
德何以故介父母離復生育我等
不能念我速離惡趣使修善顏出
生死到於彼岸每事利益令得見
佛除煩惱結永無為如此至德
誰能上報若能終身行道正可自
利非報師恩故佛言天下善知識
莫過師長既庇自度亦復度人相與

今日稟得出家受具足戒此之重
恩從師長得豈可不人人追念此
恩相與上同志心等一痛五體投地奉
為和上同閣梨同壇尊證上中下
坐各及眷屬歸依世間大慈悲父

南無金齊佛南無功德王佛
南無法蓋佛南無德辟佛
南無鴦伽施佛南無美妙慧佛
南無微意佛南無諸戚德佛
南無師子髭佛南無解脫相佛
南無慧藏佛南無知衆佛
南無戚相佛南無斷流佛
南無无礙讚佛南無无邊身菩薩
南無觀世音菩薩
願以慈悲力同加覆護又復歸依
如是十方盡虛空界一切三寶
願十方盡虛空界一切比丘比
丘式义摩尼沙弥沙弥尼各及
眷屬又願十方一切優婆塞優婆夷
各及眷屬又願從來信施檀越善
惡知識有緣無緣各及眷屬乃至
一切人道一切人類無始以來至于
今日一切煩惱皆得斷除一切緣
障皆得清淨一切罪業皆得消滅
一切衆苦皆得解脫離三障業无
五怖畏四無量心六波羅蜜常得
現前四無礙智六神通力如意自
在行菩薩行入一乘道度脫無邊

南無觀世音菩薩
願以慈悲力救護拯接又復歸依
如是十方盡虛空界一切三寶
願過去一切比丘比丘式义摩
尼沙弥沙弥尼各及眷屬又願過
去一切優婆塞優婆夷各及眷屬
若有地獄道苦今日即得解脫若
有畜生道苦今日即得解脫離八難
鬼神道苦今日即得解脫長生淨土
地受八福生永捨惡道
財施無盡法施無盡福德無盡安
樂無盡壽命無盡智慧無盡四無
量心六波羅蜜常得現前四無礙
智六神通力如意自在常得見佛
聞法行菩薩道勇猛精進不休不
息乃至進修成三菩提廣能度脫
一切衆生

梁武懺卷第八

往生諸佛淨土菩提行願皆悉具
足財施無盡法施無盡福德無盡
安樂無盡壽命無盡智慧無盡
無量心六波羅蜜常得現前四無
礙智六神通力如意自在住首楞
嚴三昧得金剛身不捨本誓還救
眾生一拜

為十方沙彌比丘比丘尼第二十五
今日道場同業大眾以此礼拜之
次重復增到五體投地普為十方
盡虛空界現在未來一切比丘比
丘尼式叉摩尼沙彌沙彌尼各及
眷屬又為十方盡虛空界一切優
婆塞優婆夷各及眷屬又復從
來信施檀越善惡知識有緣無
緣各及眷屬如是人道一切人類
悲心普為歸依世間大慈悲父
各及眷屬其甲等 懺悔 今日以慈
主名
南無彌勒佛南無釋迦牟尼佛
南無燈王佛南無智頂佛
南無至解脫佛南無金𪸩佛
南無上天佛南無地王佛
南無羅睺佛

為十方過去比丘比丘尼第二十六
今日道場同業大眾重復志誠五
體投地代為十方盡虛空界一切
過去比丘比丘尼式叉摩尼沙彌
沙彌尼過去優婆塞優婆夷及
十方一切人道一切人類有命過者
各及眷屬其甲等 懺悔 今日以慈
主名
悲心等諸佛心同諸佛願普為歸
依世間大慈悲父
南無彌勒佛南無釋迦牟尼佛
南無寶聚佛南無善音佛
南無山王相佛南無法頂佛
南無解脫德佛南無善端嚴佛
南無師子利佛南無和樓鄔佛
南無師子法佛南無愛語佛
南無愛樂佛南無讚不動佛
南無眾明王佛南無覺悟佛
南無光照佛南無香德佛
南無妙明佛南無意住義佛
南無令書佛南無不虛行佛
南無威志佛南無上邑佛

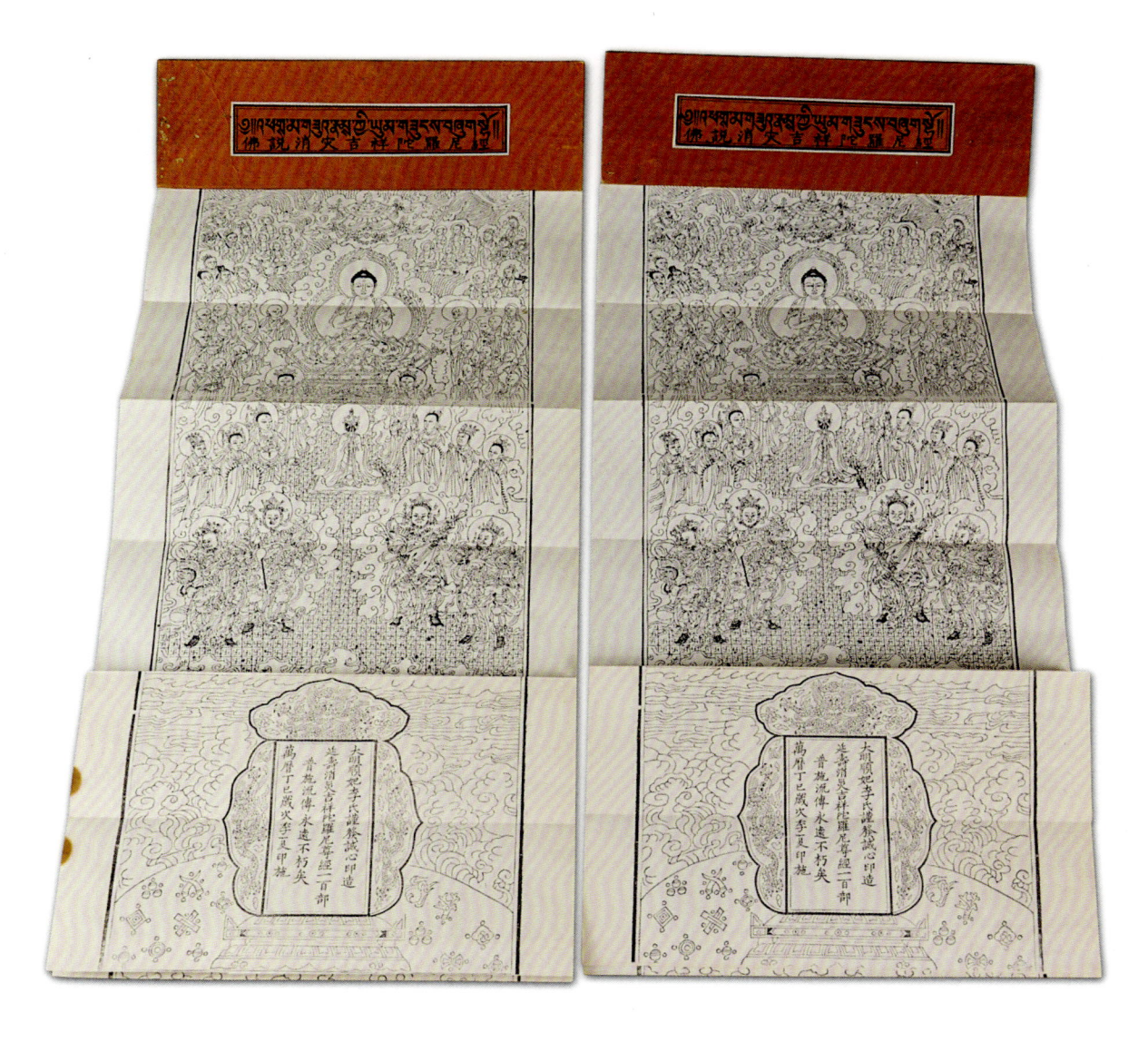

明 万历四十五年刊刻《佛说消灾吉祥陀罗尼经》经卷

- № 14092121800000100000008
- 藏 河边民俗博物馆
- 原 435
- 级 一级
- 类 古籍图书
- 代 明万历四十五年（1617）
- cm 纵 3.8，横 28.8
- 源 1998年山西省太原市公安局尖草坪派出所移交
- 入 1998年

明 万历四十五年《地藏菩萨所说十王判断善恶因果经》经卷刻本

- No 14092121800000100000007
- 藏 河边民俗博物馆
- 原 436
- 级 一级
- 类 古籍图书
- 代 明万历四十五年（1617）
- cm 纵8.4，横28.8
- 源 1998年山西省太原市公安局尖草坪派出所移交
- 入 1998年

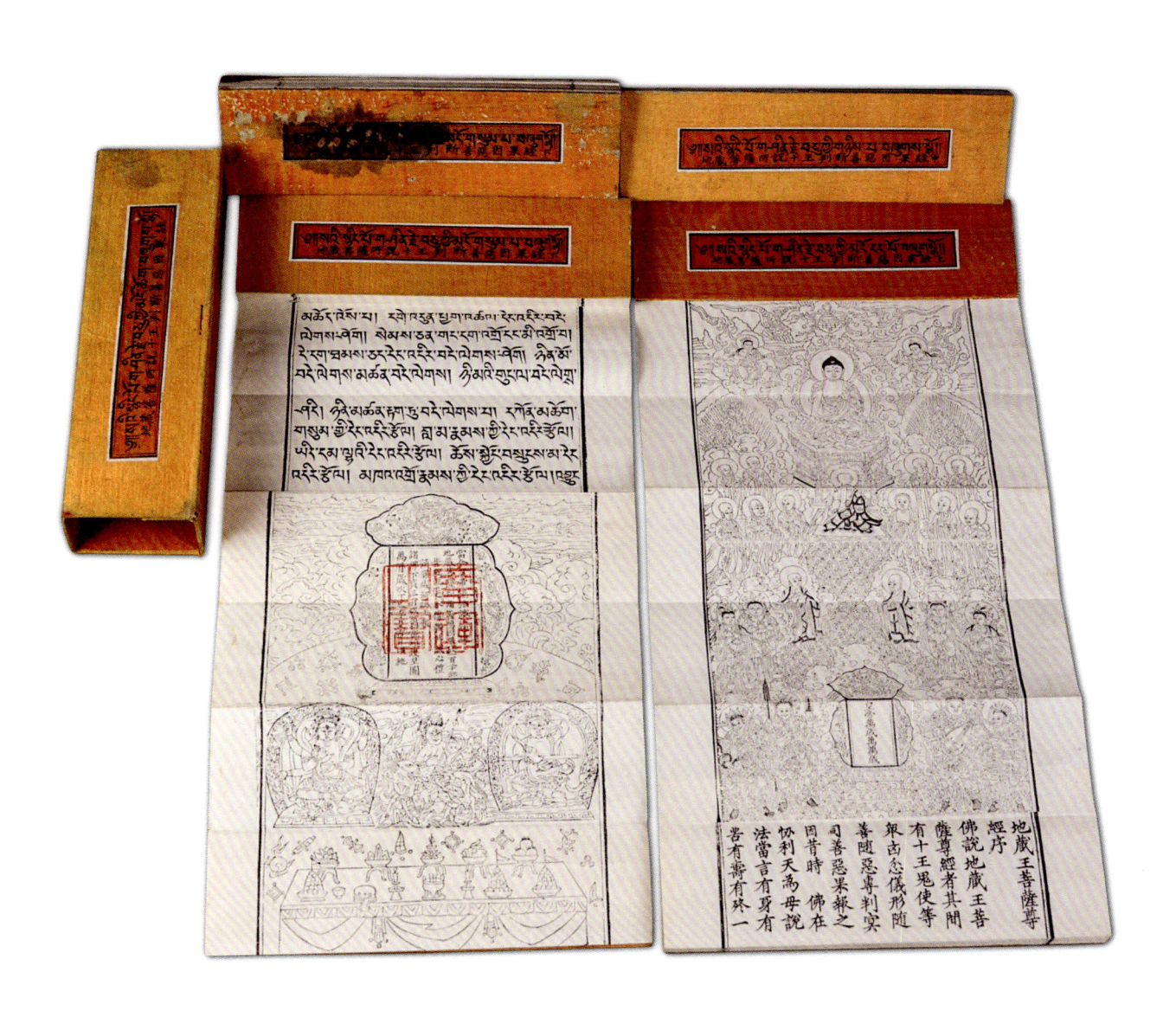

清 徐继畬《举隅集》木刻书版

- № 140922218000100000008
- 藏 五台县博物馆
- 原 Y1
- 级 一级
- 类 古籍图书
- 代 清
- cm 长25.8，宽18
- 源 1998年山西省忻州地区五台县村民捐赠
- 入 1998年

清 徐继畬《敦艮斋时文》木刻书版

- No 14092221800010000000007
- 藏 五台县博物馆
- 原 Y2
- 级 一级
- 类 古籍图书
- 代 清
- cm 长 26.5，宽 19.6
- 源 1998年山西省忻州地区五台县村民捐赠
- 入 1998年

清 御颁徐继畬木雕"奉天诰命"函

- **No** 407161308862123C000002
- **藏** 五台县博物馆
- **原** E4
- **级** 一级
- **类** 竹木器
- **代** 清
- **cm** 通高 43，长 48.5，宽 25.5
- **源** 1998 年山西省忻州地区五台县村民捐赠
- **入** 1998 年

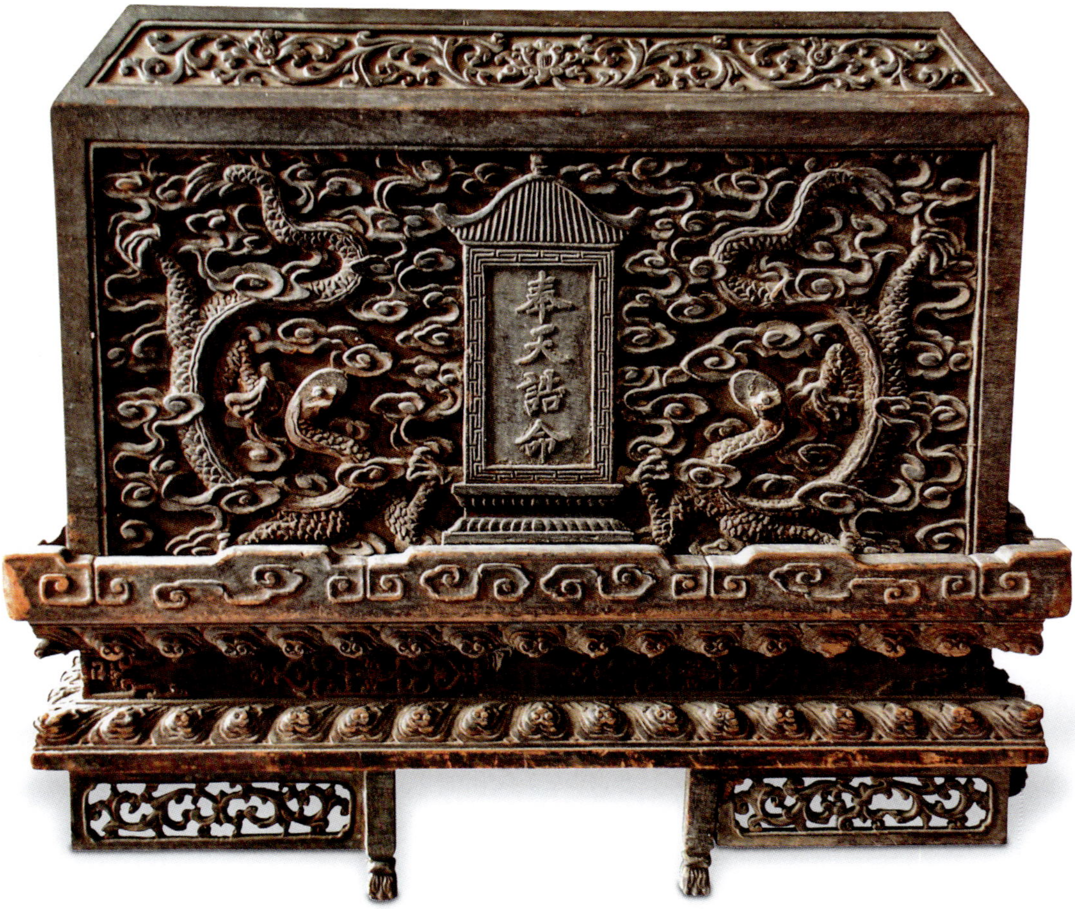
奉天誥命

民国 孙文为阎锡山书"博爱"纸本横幅

- No 140921218000010000006
- 藏 河边民俗博物馆
- 原 330
- 级 一级
- 类 书法、绘画
- 代 民国
- cm 纵42.5，横95
- 源 1996年山西省忻州地区定襄县文物管理所移交
- 入 1996年

1955年 徐向前元帅服

- № 140922218000100000002
- 藏 五台县博物馆
- 原 63
- 级 一级
- 类 名人遗物
- 代 1955年
- cm 衣长 185.7
- 源 1987年徐向前元帅家属捐赠
- 入 1987年

晋城市

明 獬豸驮莲座地藏菩萨铜造像

- No 14050221800015000001813
- 藏 晋城博物馆
- 原 JB1602
- 级 一级
- 类 雕塑、造像
- 代 明
- cm 通高171，通长92，通宽38；座高88；像高83
- 源 1998年山西省晋城市文物管理处移交
- 入 1998年

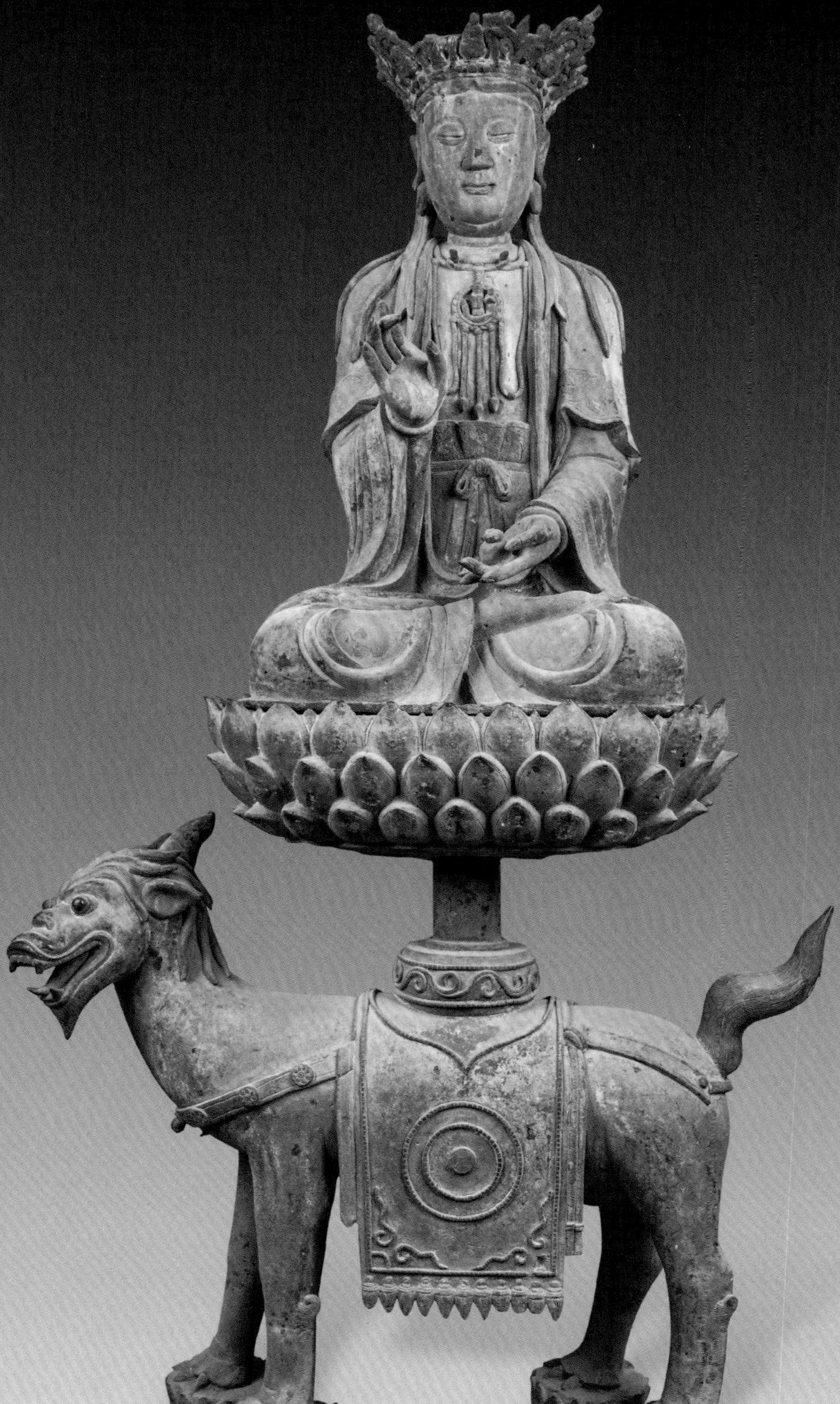

唐"王"字箕形澄泥砚

- № 140502218000150000 2182
- 藏 晋城博物馆
- 原 JB1822
- 级 一级
- 类 文具
- 代 唐
- cm 通高 2.5，通长 7.3，通宽 4.8
- 源 1990 年山西省晋城市泽州路 1673 号建设银行工地出土
- 入 1990 年

唐 黄釉戳印鳞纹陶罐

- **No** 1405022180001500001833
- **藏** 晋城博物馆
- **原** JB1821
- **级** 一级
- **类** 陶器
- **代** 唐
- **cm** 高12.6，口径6，底径6.8
- **源** 1990年山西省晋城市泽州路1611号农业银行工地出土
- **入** 1990年

明"时大彬制"紫砂壶

- № 140502218000150000 2336
- 藏 晋城博物馆
- 原 JB1819
- 级 一级
- 类 陶器
- 代 明
- cm 通高 8.8，通长 13.5，口径 5.8，底径 5.4
- 源 1987 年 5 月山西省晋城市泽州县大阳镇陡坡村张光奎墓出土
- 入 1998 年

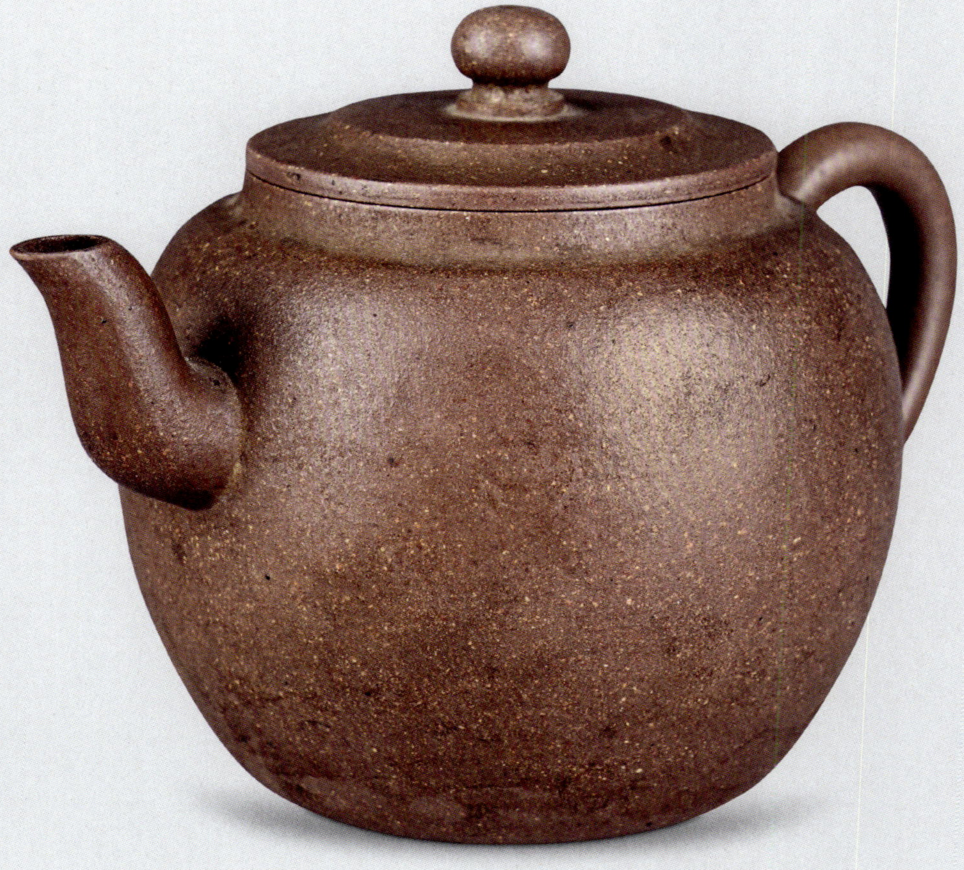

北齐 乾明元年昙始造像碑座

- No 1405022180001500002020
- 藏 晋城博物馆
- 原 JB2462
- 级 一级
- 类 石器、石刻、砖瓦
- 代 北齐乾明元年（560）
- cm 通高32，通长48.5，通宽48.5
- 源 1996年山西省晋城市青莲寺上寺出土
- 入 2004年

山西珍贵文物档案

18

北齐 螭首四面造像青石碑

- No 140581218000030000002310
- 藏 高平市博物馆
- 原 0674
- 级 一级
- 类 石器、石刻、砖瓦
- 代 北齐
- cm 通高175，宽66，厚27
- 源 1985年山西省晋城市高平县文化馆移交
- 入 1985年

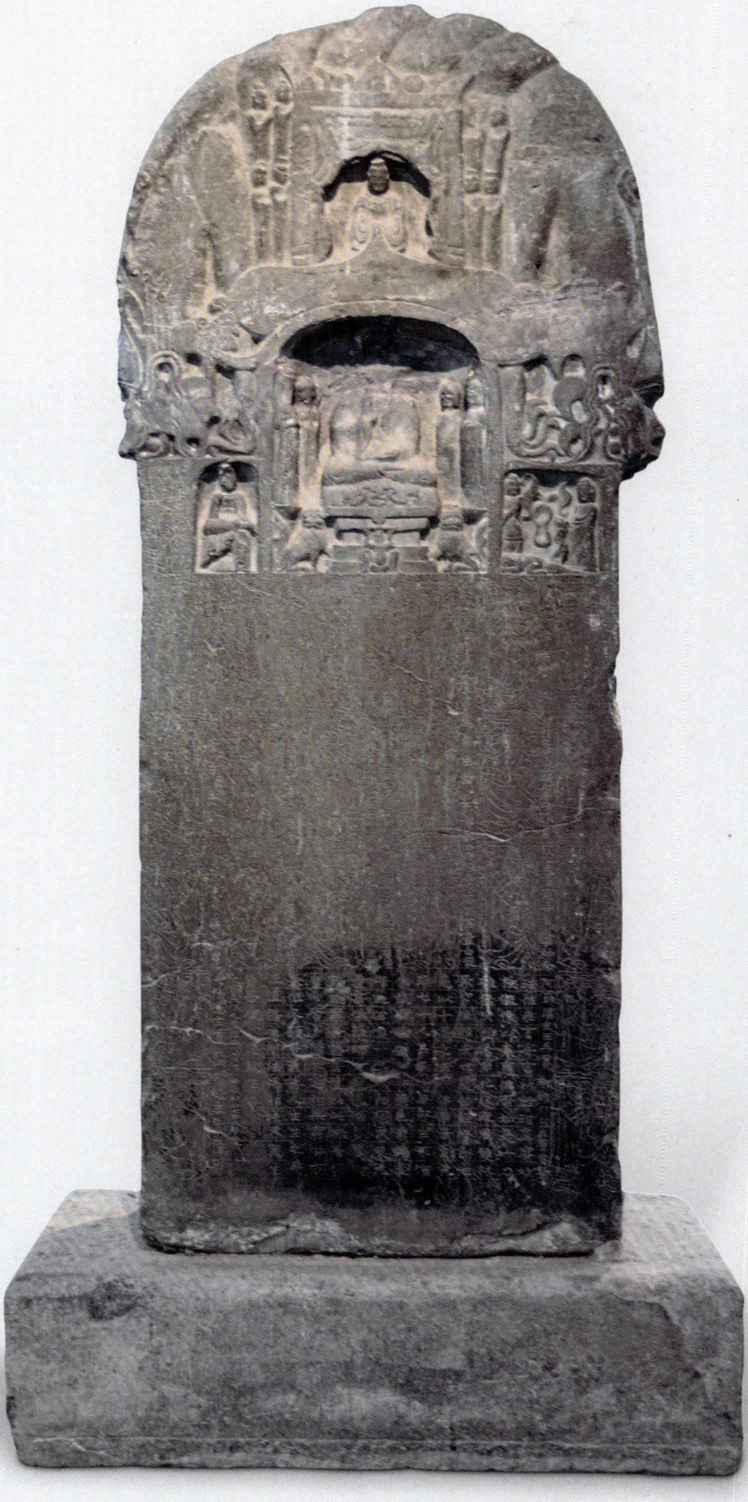

东周 双环耳平底铜敦

- No 14052121800004000000100
- 藏 沁水县文史博物馆
- 原 QB0025
- 级 一级
- 类 铜器
- 代 东周
- cm 高 15.3，口径 19.3，底径 9.9
- 源 1984 年山西省晋东南地区沁水县龙港镇桃花沟出土
- 入 1984 年

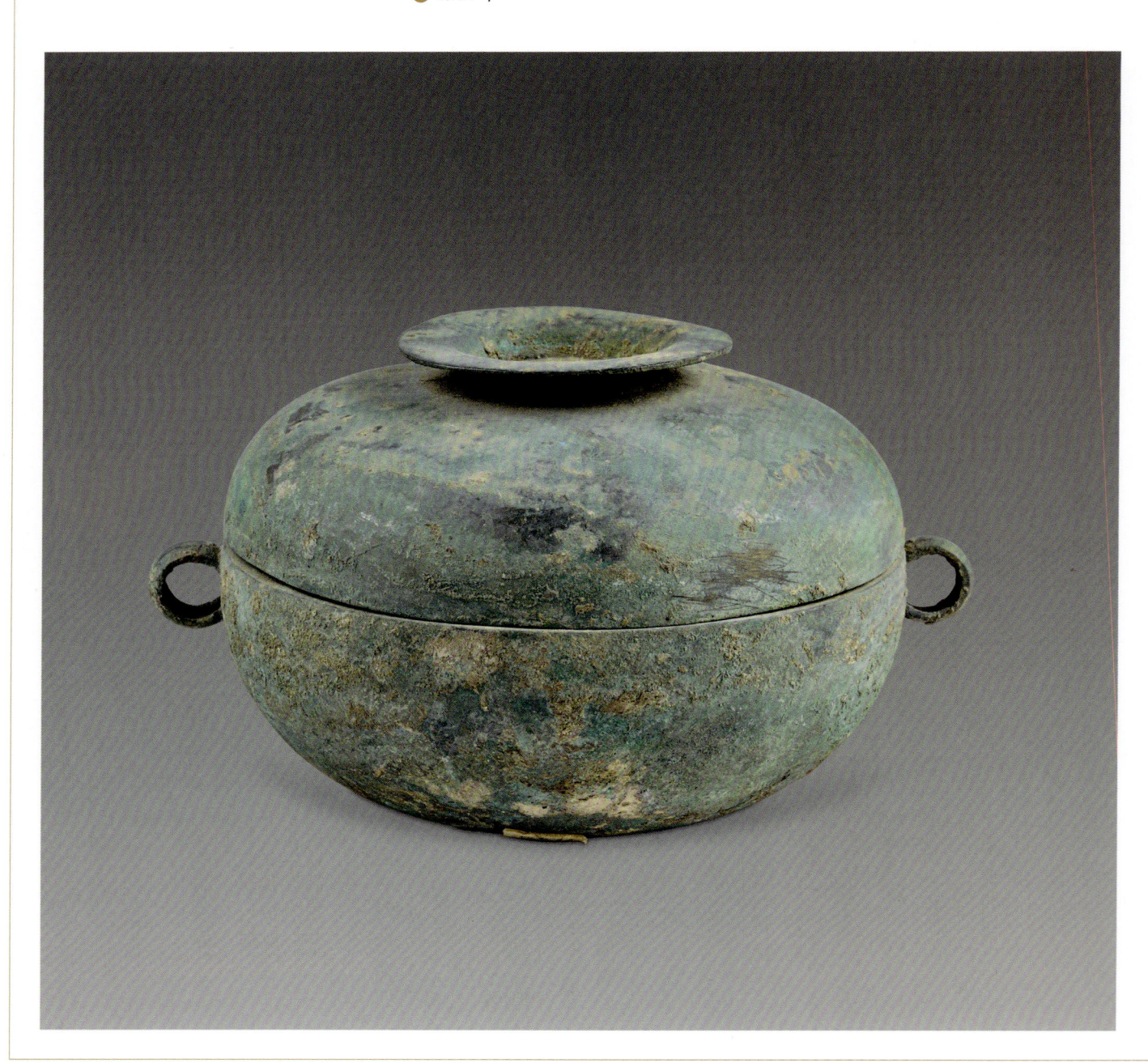

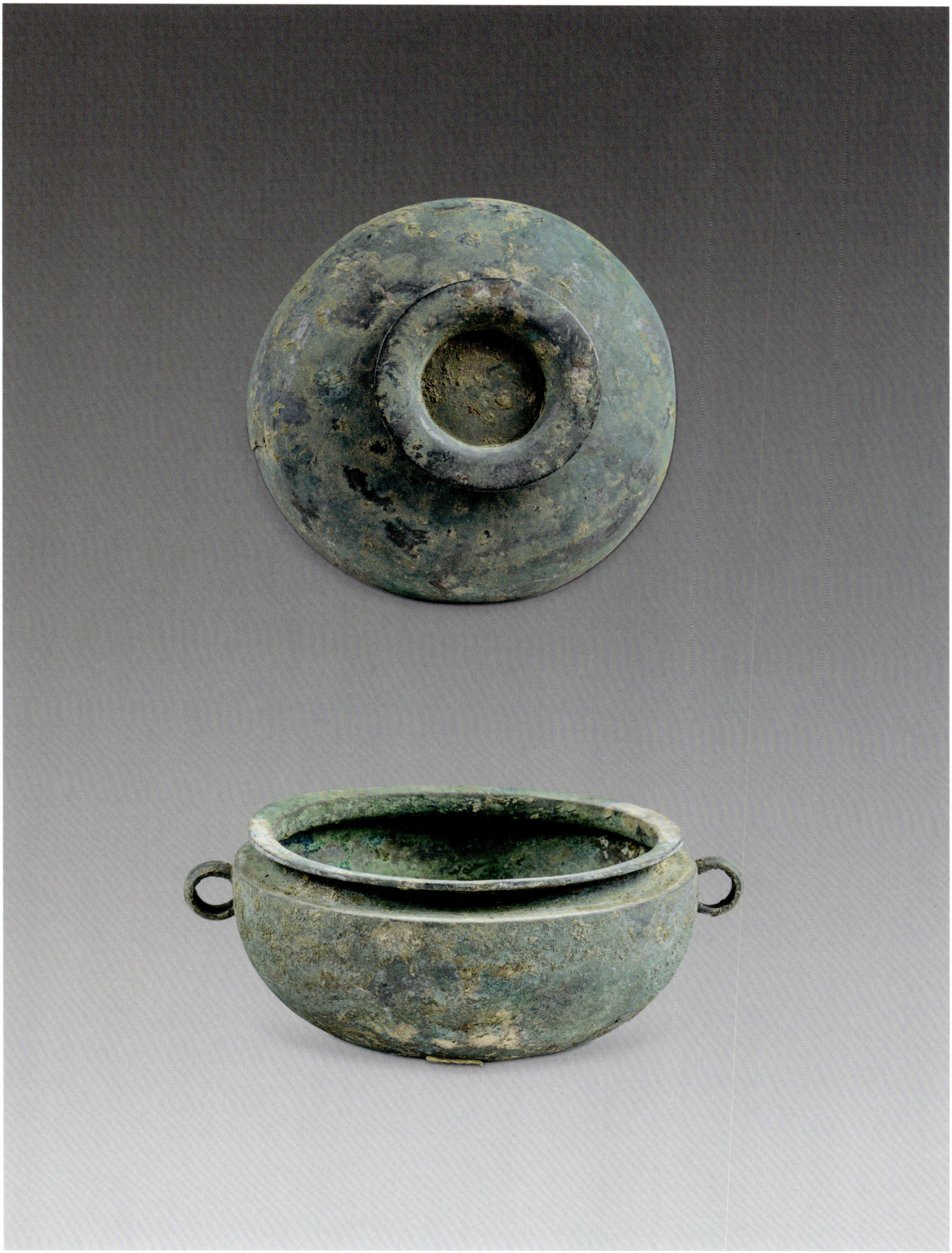

战国 十六年宁寿令戟

- № 140581218000300001294
- 藏 高平市博物馆
- 原 0001
- 级 一级
- 类 铜器
- 代 战国
- cm 通长28.4，阑长14.2
- 址 1986年山西省晋城市高平县永录乡铺上村出土
- 入 1986年

战国 三十八年上郡直内铜戈

- No 14058121800003000001394
- 藏 高平市博物馆
- 原 0002
- 级 一级
- 类 铜器
- 代 战国
- cm 通长28.4，阑长14.2
- 源 1986年山西省晋城市高平县永录乡铺上村出土
- 入 1986年

战国 三十五年直内铜戈

- No 14058121800003000001201
- 藏 高平市博物馆
- 原 0003
- 级 一级
- 类 铜器
- 代 战国
- cm 通长25.1，阑长14.2
- 源 1988年山西省晋城市高平县城关镇凤和村出土
- 入 1988年

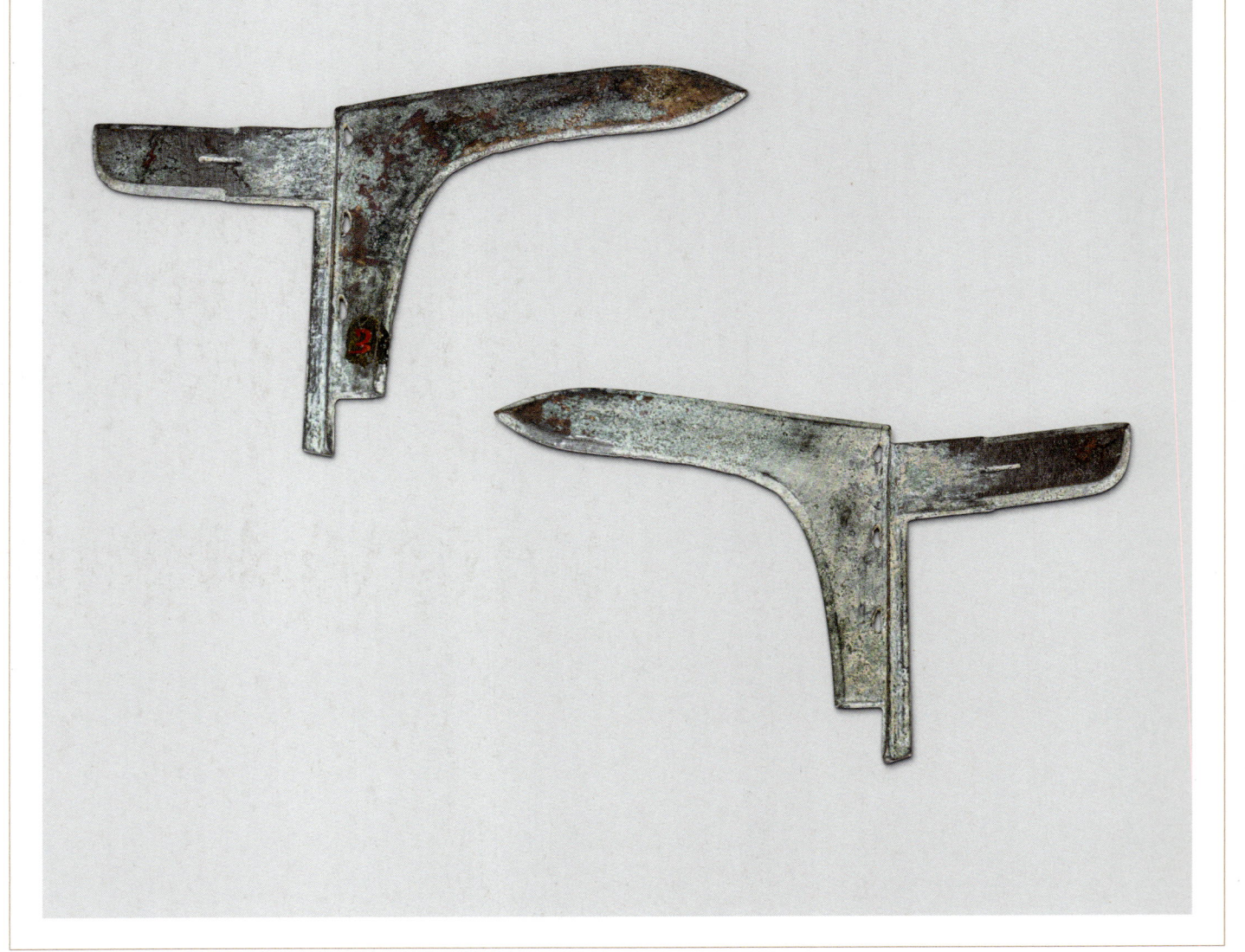

战国 三十五年上郡守戈

- No 14058121800003000001295
- 藏 高平市博物馆
- 原 0004
- 级 一级
- 类 铜器
- 代 战国
- cm 通长 27，阑长 15.8
- 源 1988年山西省晋城市高平县城关镇凤和村出土
- 入 1988年

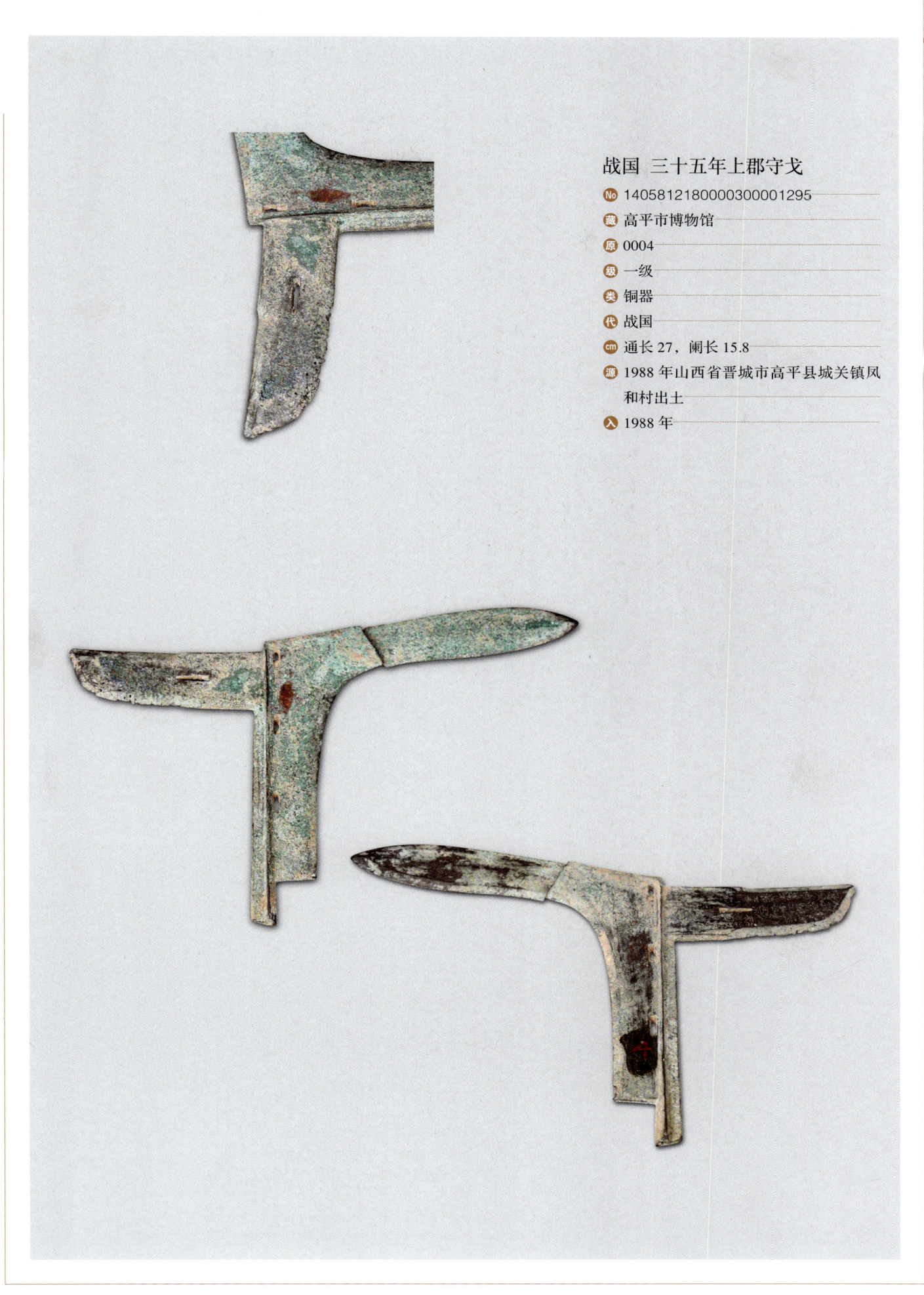

北宋 开宝四年刻大云经卷

- No 14058121800003000001211
- 藏 高平市博物馆
- 原 0068
- 级 一级
- 类 古籍图书
- 代 北宋开宝四年（971）
- cm 纵31，横439
- 源 1985年山西省晋城市高平县河西镇新庄村征集
- 入 1985年

妙法蓮華經卷第七

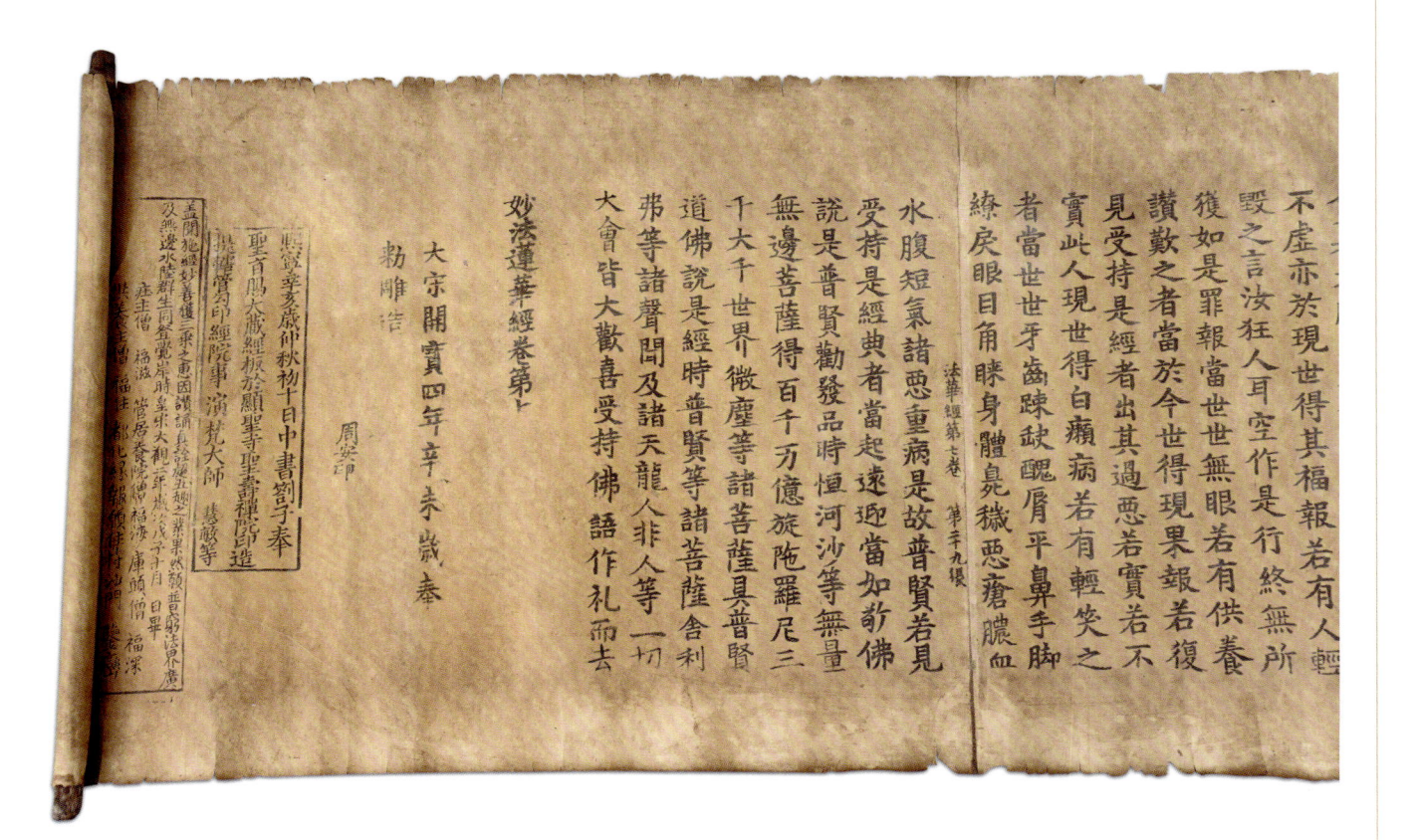

大宋開寶四年辛未歲奉
勅雕造

周安印

慧敏等

聖言賜大藏經板於顯聖寺聖壽禪院印造
提舉贊勾印經院事演梵大師
熙寧辛亥歲仲秋初十日中書劉子奉

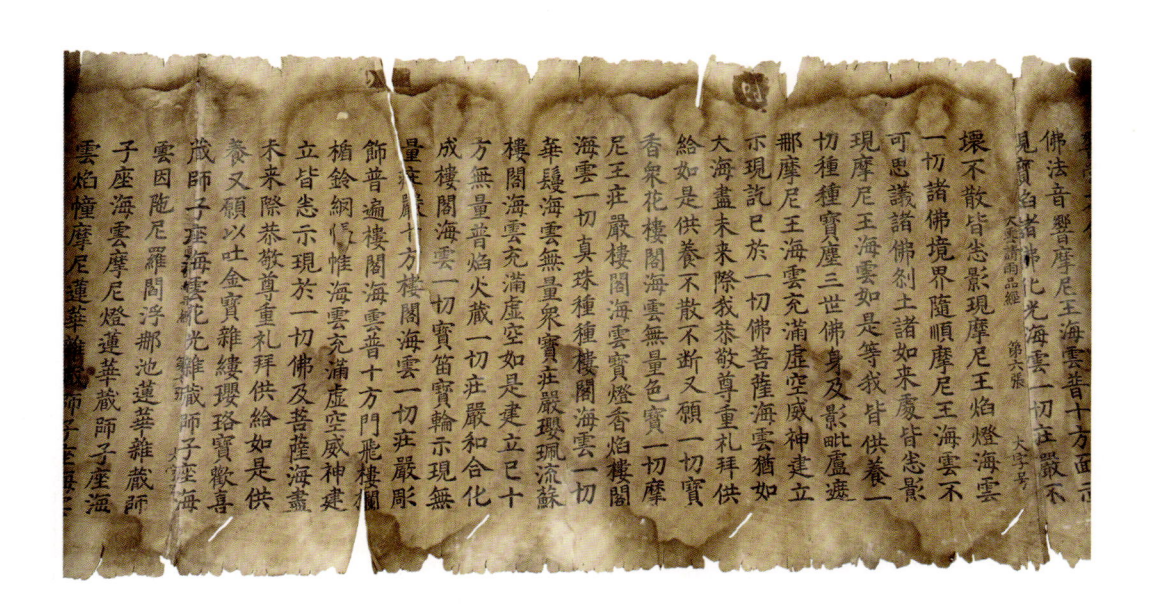

北宋 开宝六年刻大云经卷

- No 14058121800003000001605
- 藏 高平市博物馆
- 原 0069
- 级 一级
- 类 古籍图书
- 代 北宋开宝六年（973）
- cm 纵32.3，横1268
- 源 1985年山西省晋城市高平县河西镇新庄村征集
- 入 1985年

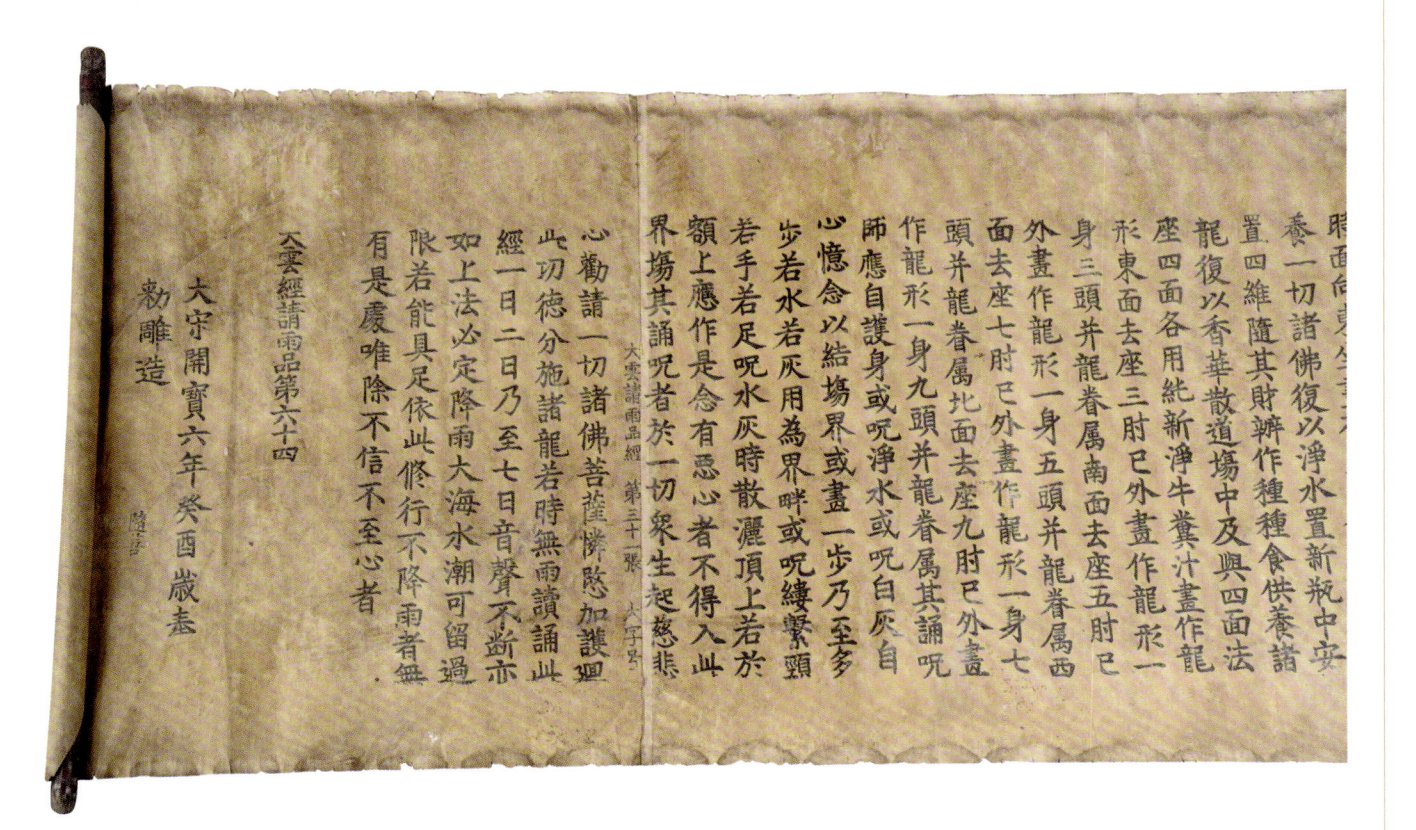

時面向東坐⋯⋯
養一切諸佛復以淨水置新瓶中安
置四維隨其財辨作種種食供養諸
龍復以香華散道場中及與四面法
座四面各用純新淨牛糞汁盡作龍
形東面去座三肘已外畫作龍一
身三頭并龍眷屬南面去座五肘已
外盡作龍形一身五頭并龍眷屬西
面去座七肘已外畫作龍形一身七
頭并龍眷屬北面去座九肘已外盡
作龍形一身九頭并龍眷屬其誦呪
師應自護身或呪淨水或呪白灰自
界場其誦呪者於一切眾生起慈悲
心憶念以結場界或畫一步乃至多
步若水若灰用為界畔或呪縷繫頸
若手若足呪水灰時散灑頂上若於
額上應作是念有惡心者不得入此
界勸請一切諸佛菩薩憐愍加護廻
此功德分施諸龍若時無雨讀誦此
經一日二日乃至七日音聲不斷亦
如上法必定降雨大海水潮可留過
限若能具足依此修行不降雨者無
有是處唯除不信不至心者

大雲經請雨品第六十四

大宋開寶六年癸酉歲奉
勅雕造

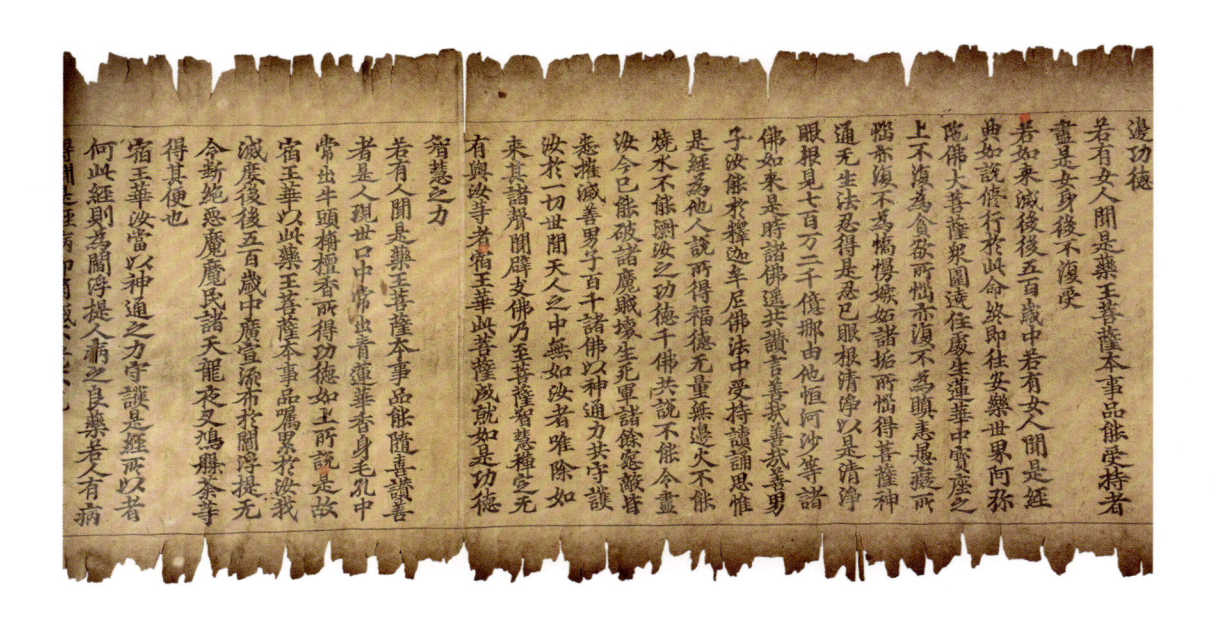

辽 妙法莲花刻本经卷

- No 140581218000030000 1900
- 藏 高平市博物馆
- 原 0067
- 级 一级
- 类 古籍图书
- 代 辽
- cm 纵 27.7，横 760
- 源 1985年山西省晋城市高平县河西镇新庄村征集
- 入 1985年

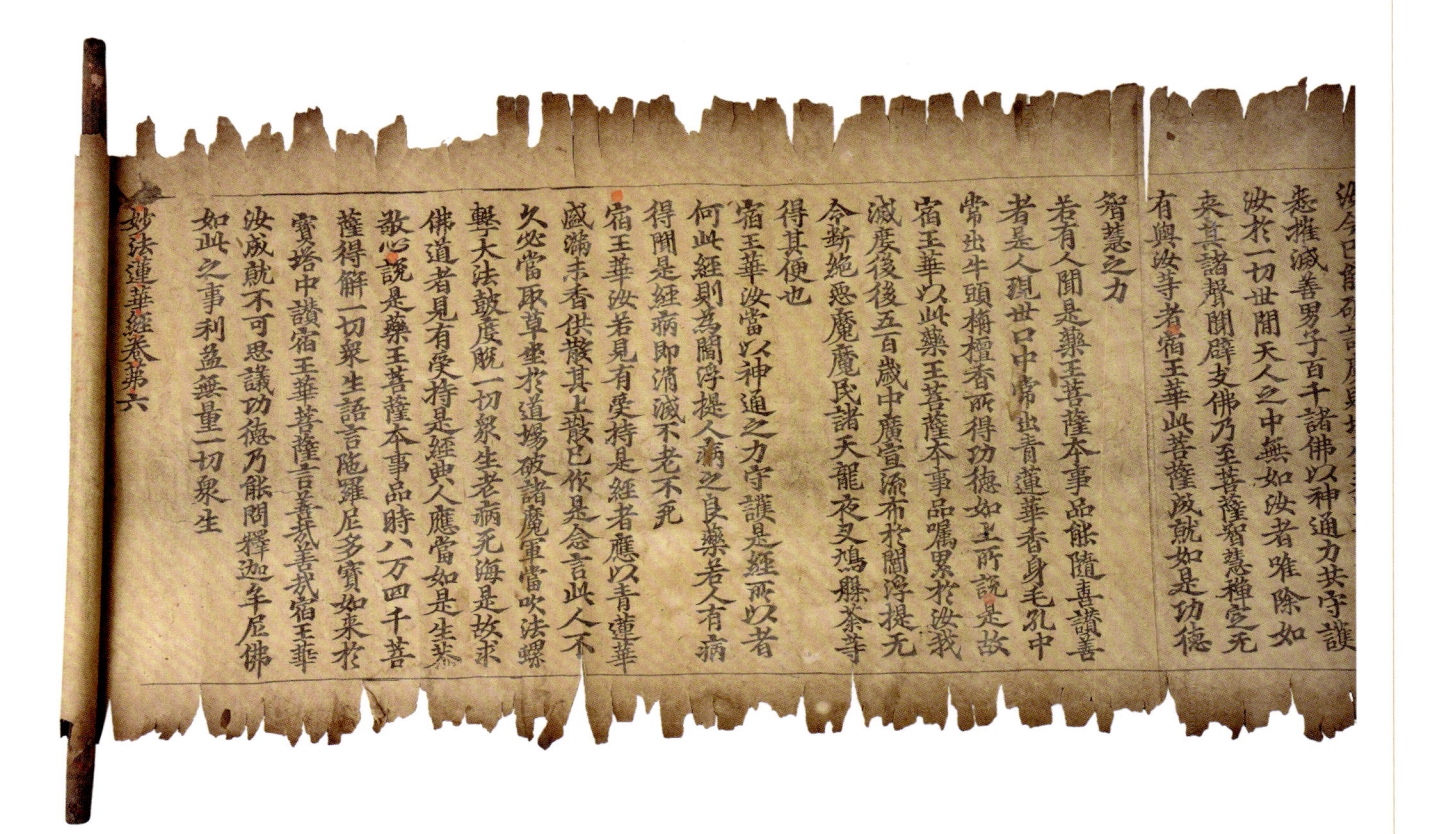

汝今已皆discern吾身地八分身
慈滩滅善男子百千諸佛以神通力共守護
汝於一切世間天人之中無如汝者唯除如
來其諸聲聞辟支佛乃至菩薩智慧禪定無
有與汝等者宿王華此菩薩成就如是功德

智慧之力
若有人聞是藥王菩薩本事品能隨喜讚善
者是人現世口中常出青蓮華香身毛孔中
常出牛頭栴檀之香所得功德如上所說是故
宿王華以此藥王菩薩本事品囑累於汝我
滅度後五百歲中廣宣流布於閻浮提無
令斷絕惡魔魔民諸天龍夜叉鳩槃荼等
得其便也
宿王華汝當以神通之力守護是經所以者
何此經則為閻浮提人病之良藥若人有病
得聞是經病即消滅不老不死
宿王華汝若見有受持是經者應以青蓮華
盛滿末香供散其上散已作是念言此人不
久必當取草坐於道場破諸魔軍當吹法螺
擊大法鼓度脫一切眾生老病死海是故求
佛道者見有受持是經典人應當如是生恭
敬心說是藥王菩薩本事品時八萬四千菩
薩得解一切眾生語言陀羅尼多寶如來於
寶塔中讚宿王華菩薩言善哉善哉宿王華
汝成就不可思議功德乃能問釋迦牟尼佛
如此之事利益無量一切眾生

妙法蓮華經卷第六

明 曾鲸画张慎言肖像绢本立轴

- No 14052221800000600000348
- 藏 阳城县文物博物馆
- 原 17001
- 级 一级
- 类 书法、绘画
- 代 明
- cm 纵148，横98.2
- 源 1983年山西省晋东南地区阳城县润城镇屯城村征集
- 入 1983年

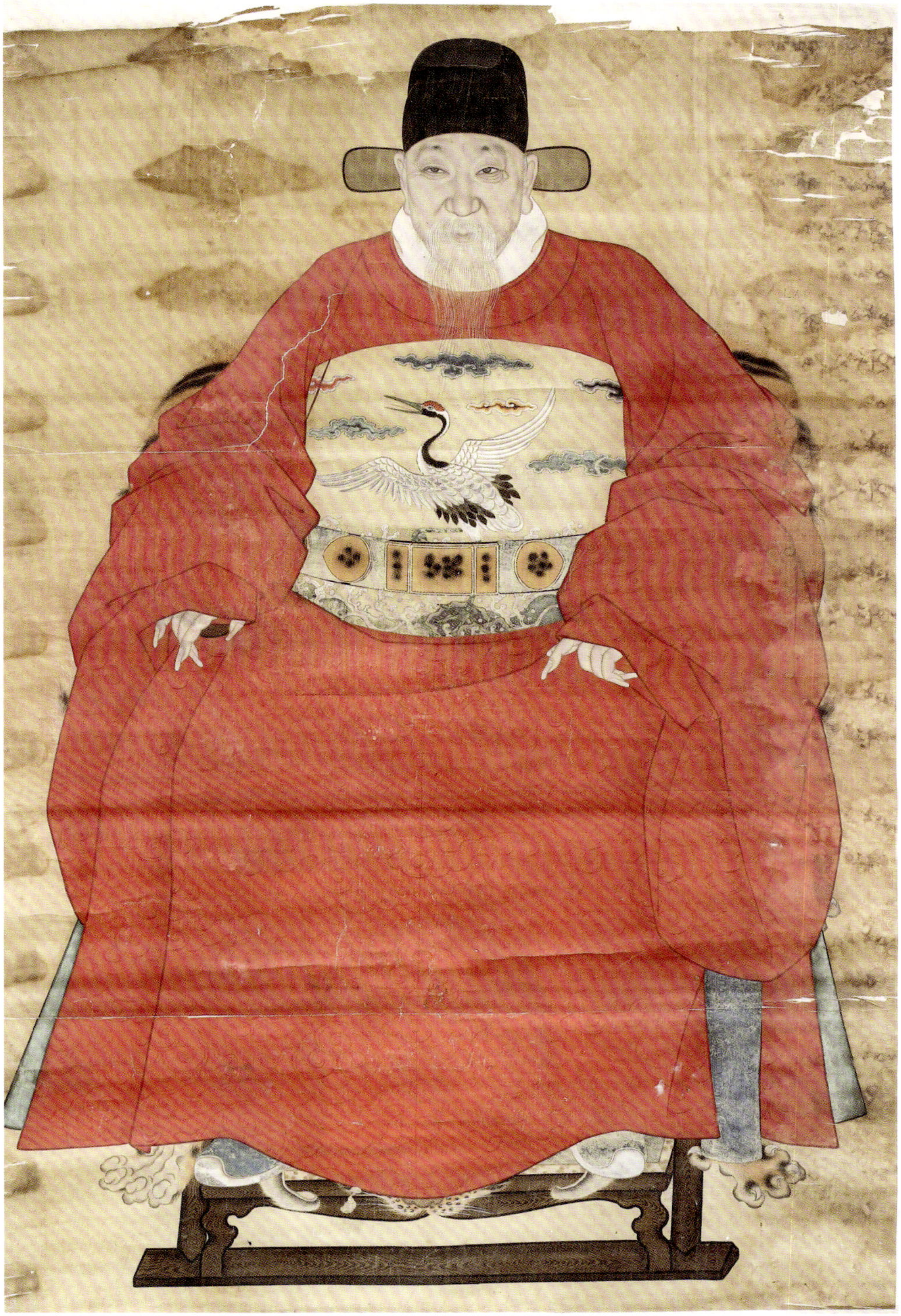

唐 武周圣历三年石雕弥勒弟子造像碑

- No 1405222180000600000344
- 藏 阳城县文物博物馆
- 原 02001
- 级 一级
- 类 石器、石刻、砖瓦
- 代 唐武周圣历三年（700）
- cm 高 39.5，宽 22，厚 11.5
- 源 1986年山西省晋城市阳城县润城镇下庄村征集
- 入 1986年

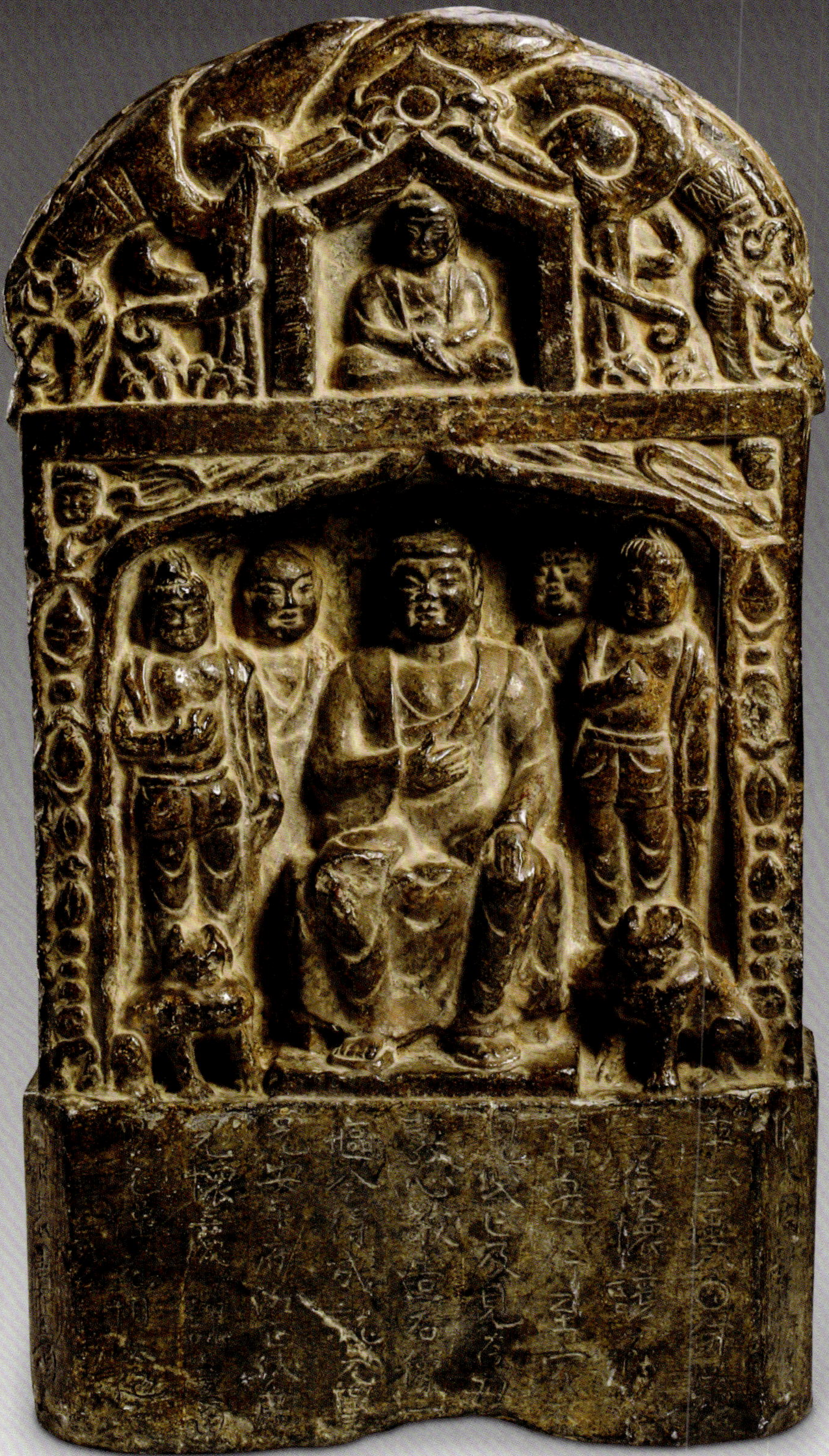

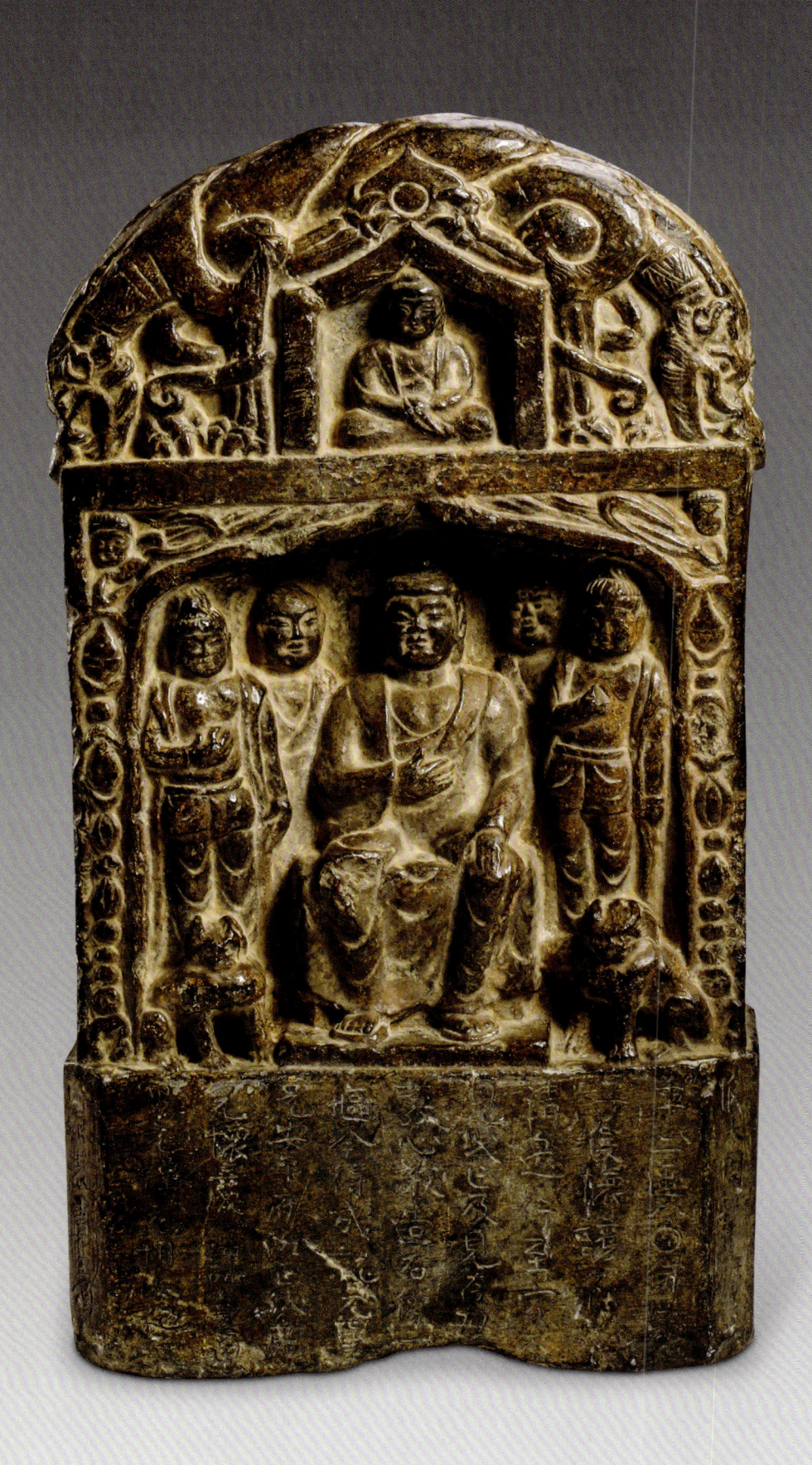

金"李四郎"绿釉瓷枕

- No 14052221800000600000407
- 藏 阳城县文物博物馆
- 原 04080
- 级 一级
- 类 瓷器
- 代 金
- cm 长30，宽22，高10.5
- 源 1983年山西省晋城市阳城县凤城镇天门头出土
- 入 1983年

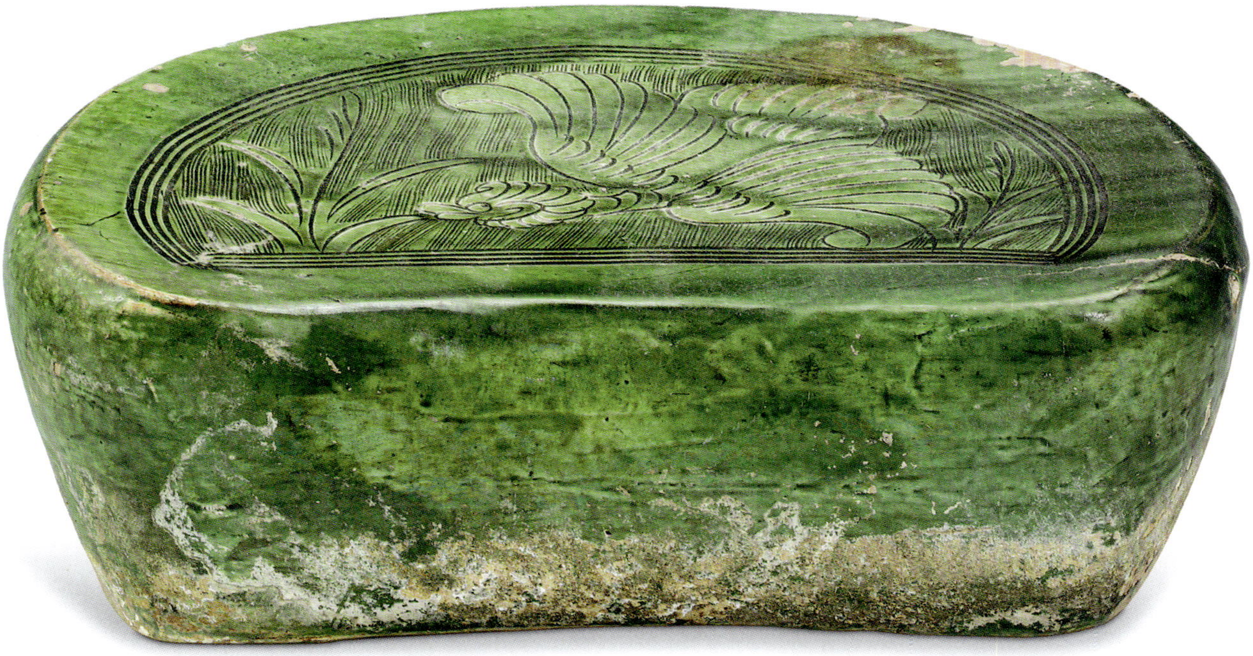

金 绿釉荷塘水禽纹瓷枕

- No 14052221800006000000344
- 藏 阳城县文物博物馆
- 原 04096
- 级 一级
- 类 瓷器
- 代 金
- cm 长28.5，宽14，高9.5
- 源 2000年山西省晋城市阳城县南关村征集
- 入 2000年

山西珍贵文物档案

18

明 隆庆元年黄绿釉琉璃脊刹

- № 140522218000060000002082
- 藏 阳城县文物博物馆
- 原 04001
- 级 一级
- 类 陶器
- 代 明隆庆元年（1567）
- cm 通长35，通宽30，通高130
- 源 1981年山西省晋东南地区阳城县润城镇东岳庙移交
- 入 1981年

山西珍贵文物档案 18

阳泉市

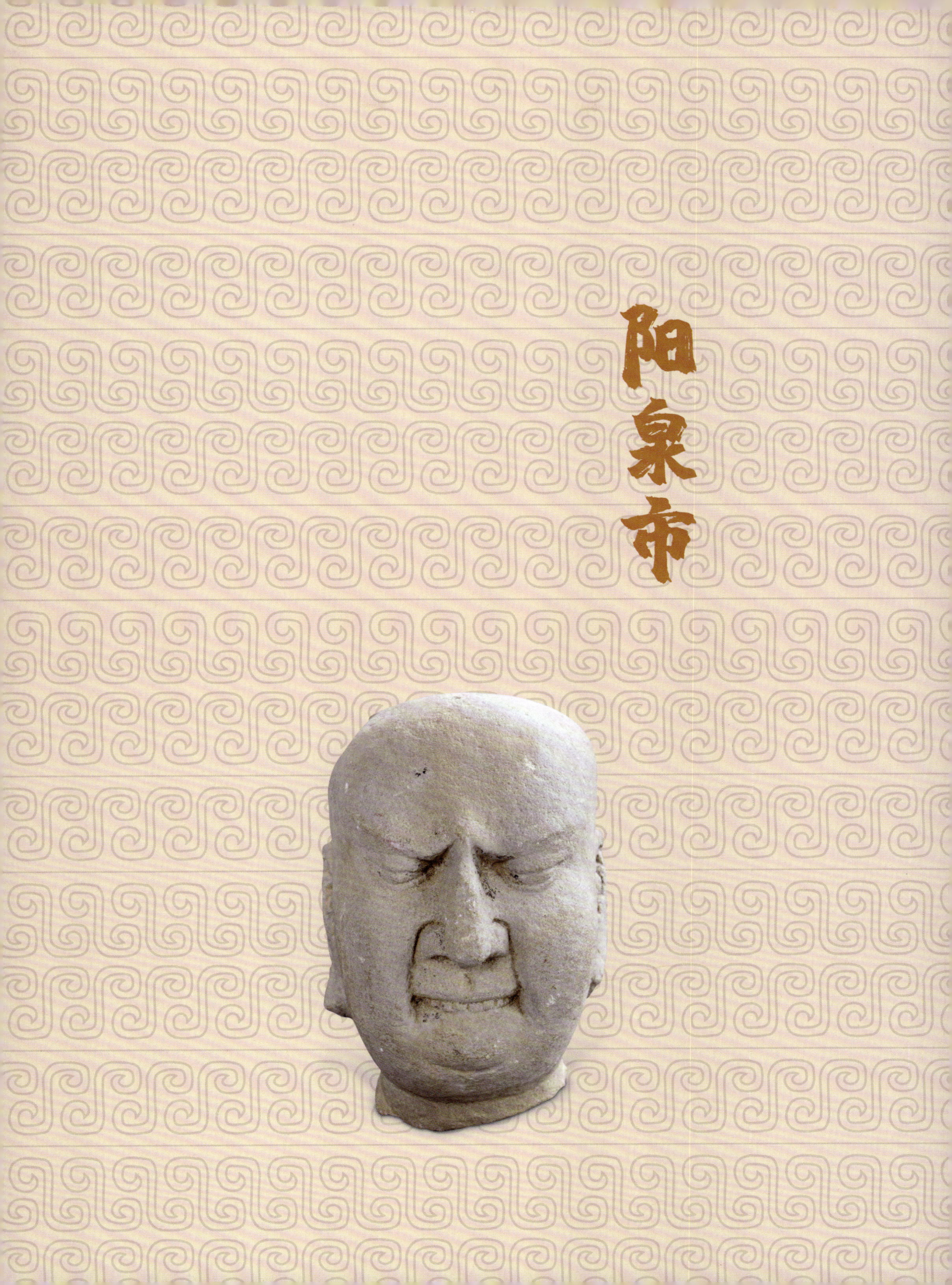

北宋 绿釉陶熏炉

- **No**
- **藏** 平定县文物管理中心
- **原** P0632
- **级** 一级
- **类** 陶器
- **代** 北宋
- **cm** 通高36，盖口径21，身口径19.5，底径15
- **源** 2005年山西省阳泉市平定县天宁寺西塔地宫出土
- **入** 2005年

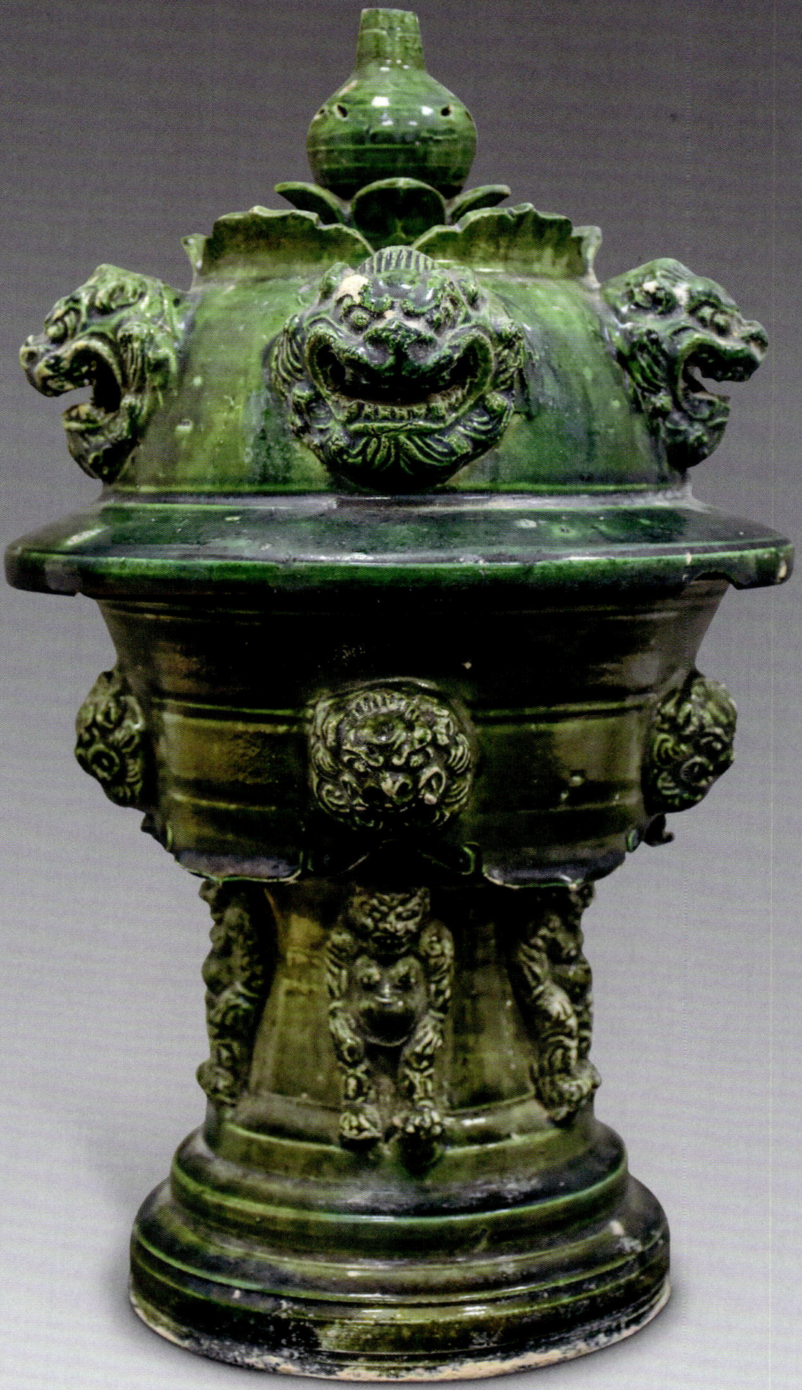

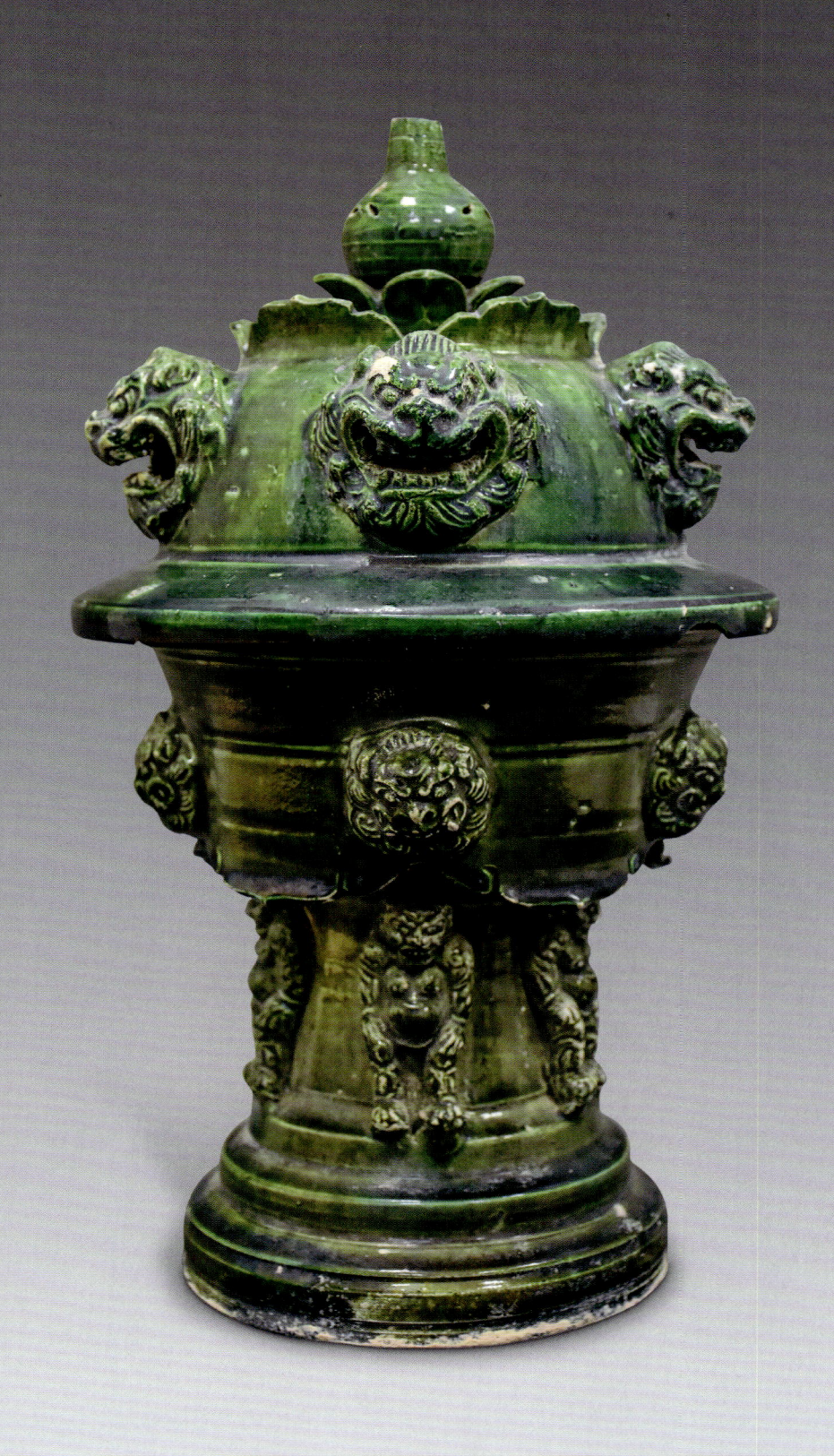

金 白釉刻划花瓷枕

- No 14030221800010000000363
- 藏 阳泉市文物管理中心
- 原 YQ0004
- 级 一级
- 类 瓷器
- 代 金
- cm 高 12.5，长 24.5，宽 21
- 源 1987年山西省阳泉市工商局移交
- 入 1987年

北魏 孝昌三年石雕佛头像

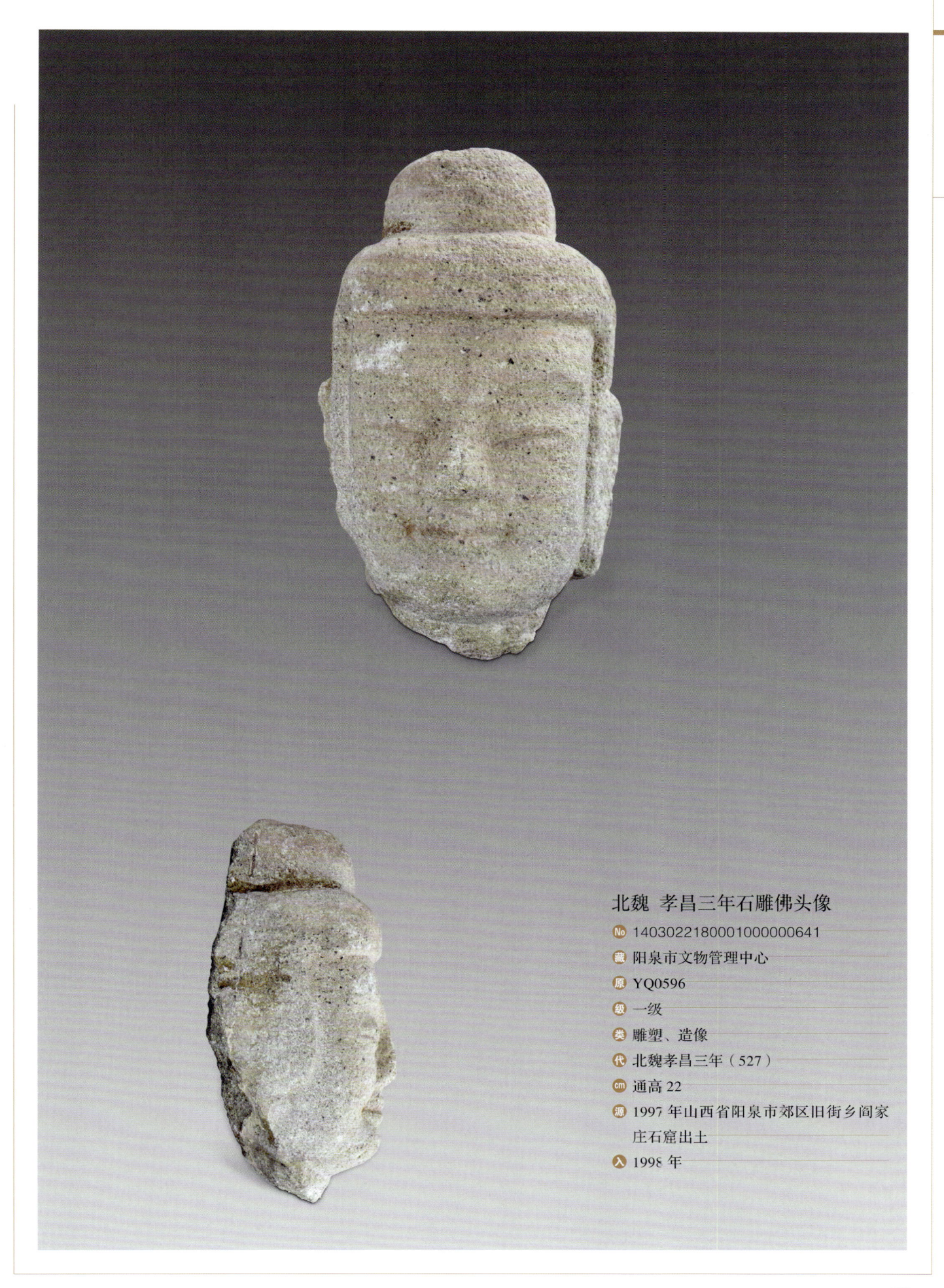

- No 1403022180001000000641
- 藏 阳泉市文物管理中心
- 原 YQ0596
- 级 一级
- 类 雕塑、造像
- 代 北魏孝昌三年（527）
- cm 通高 22
- 源 1997年山西省阳泉市郊区旧街乡阎家庄石窟出土
- 入 1998年

北魏 孝昌三年石雕菩萨头像

- No 14030221800010000000645
- 藏 阳泉市文物管理中心
- 原 YQ0597
- 级 一级
- 类 雕塑、造像
- 代 北魏孝昌三年（527）
- cm 残高 24.5
- 源 1997年山西省阳泉市郊区旧街乡阎家庄石窟出土
- 入 1998年

北魏 孝昌三年石雕菩萨头像

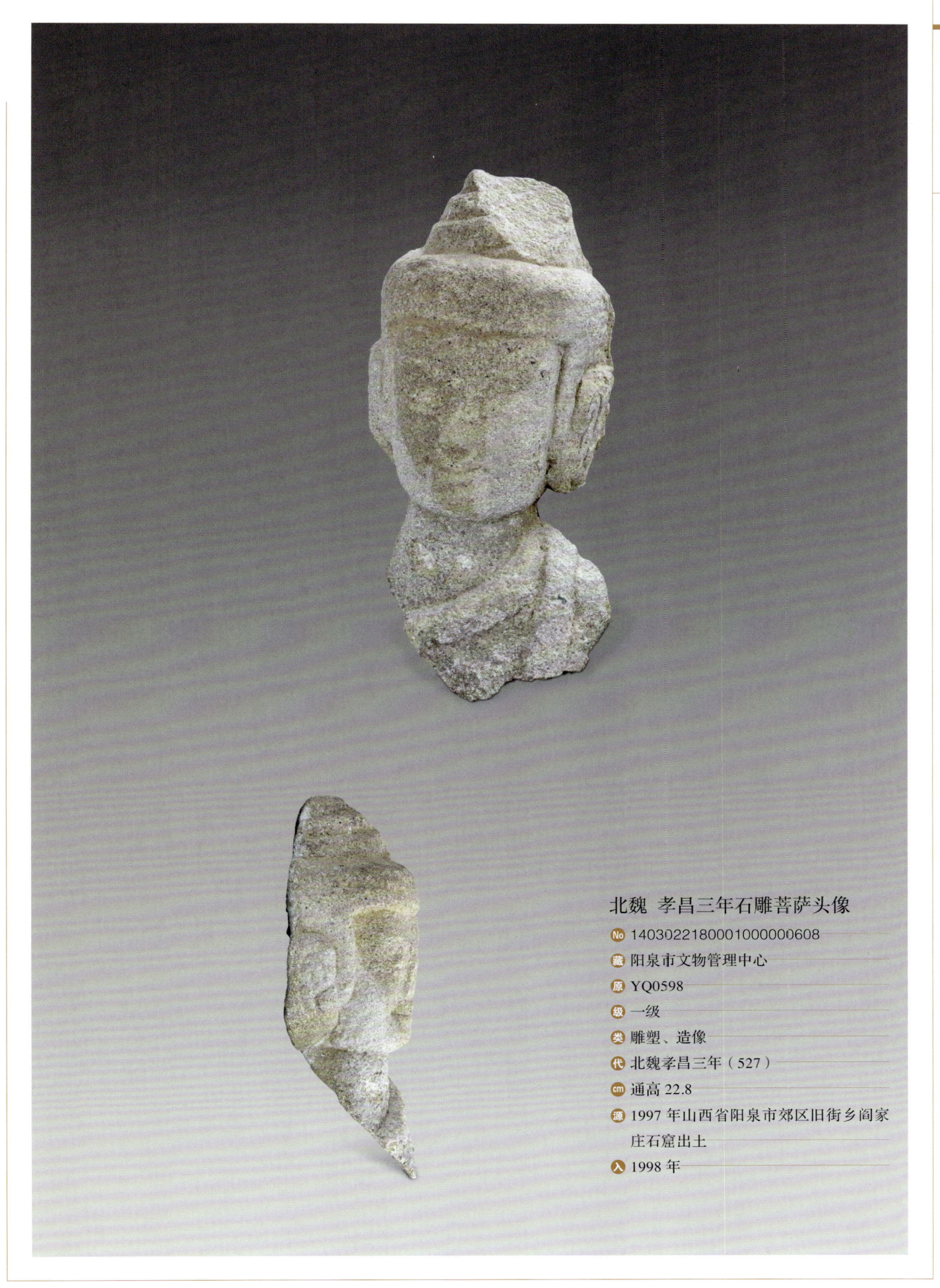

- No 140302218000100000608
- 藏 阳泉市文物管理中心
- 原 YQ0598
- 级 一级
- 类 雕塑、造像
- 代 北魏孝昌三年（527）
- cm 通高 22.8
- 源 1997年山西省阳泉市郊区旧街乡阎家庄石窟出土
- 入 1998年

北魏 孝昌三年石雕菩萨头像

- No 14030221800010000000626
- 藏 阳泉市文物管理中心
- 原 YQ0599
- 级 一级
- 类 雕塑、造像
- 代 北魏孝昌三年（527）
- cm 通高 21
- 源 1997年山西省阳泉市郊区旧街乡阎家庄石窟出土
- 入 1998年

北魏 孝昌三年石雕佛头像

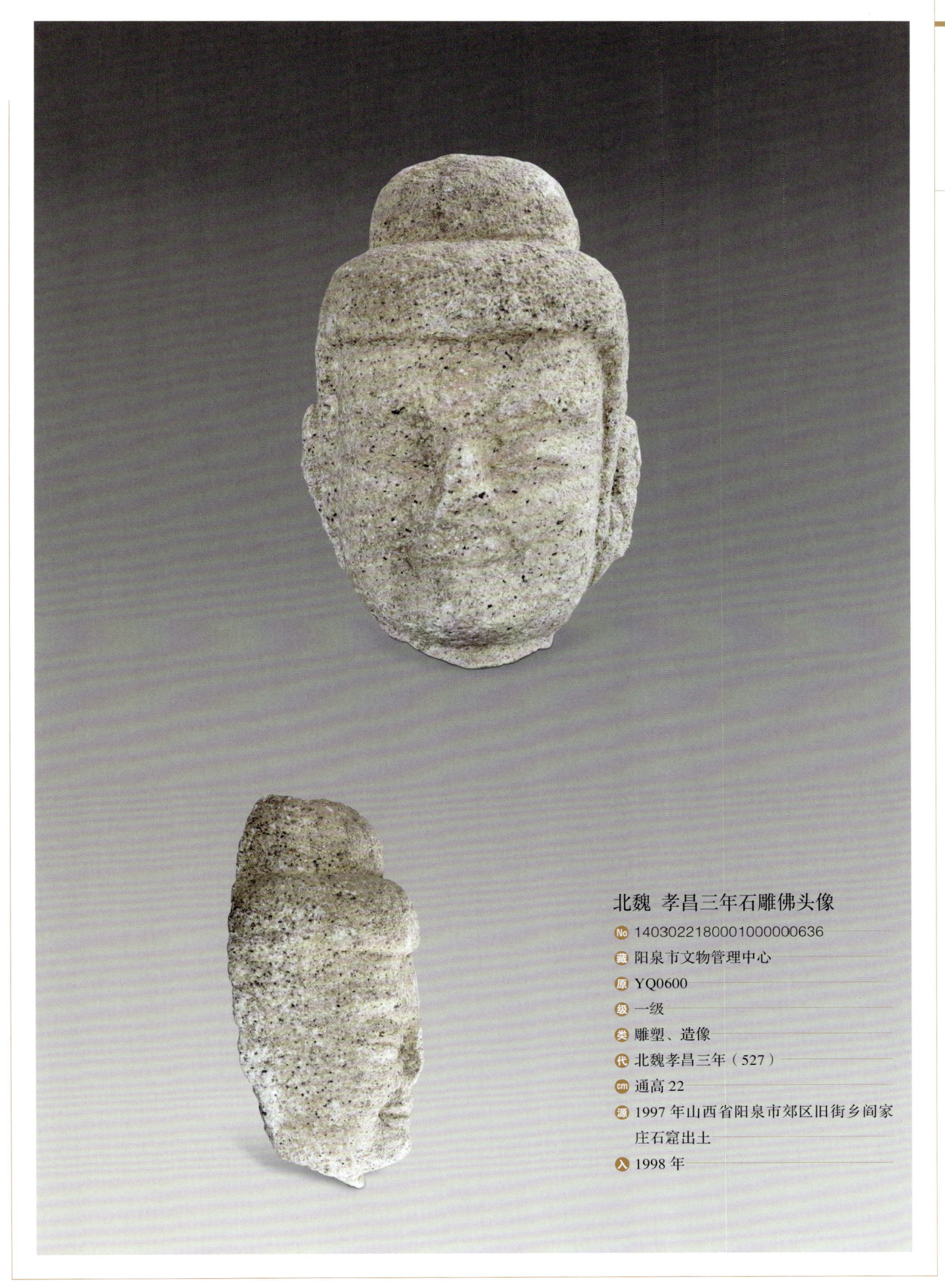

- No 1403022180001000000636
- 藏 阳泉市文物管理中心
- 原 YQ0600
- 级 一级
- 类 雕塑、造像
- 代 北魏孝昌三年（527）
- cm 通高22
- 源 1997年山西省阳泉市郊区旧街乡阎家庄石窟出土
- 入 1998年

北魏 孝昌三年石雕菩萨头像

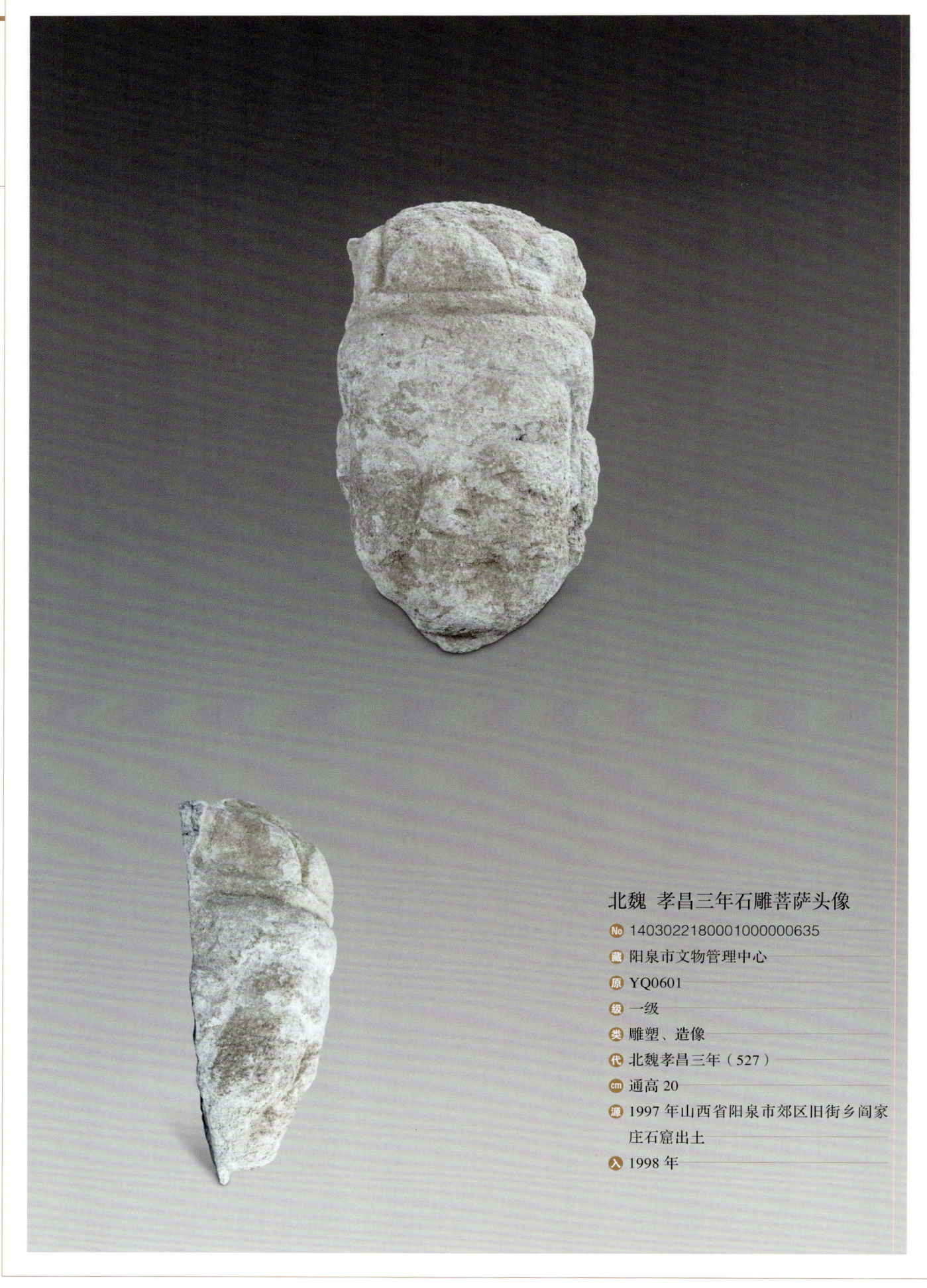

- No 1403022180001000000635
- 藏 阳泉市文物管理中心
- 原 YQ0601
- 级 一级
- 类 雕塑、造像
- 代 北魏孝昌三年（527）
- cm 通高20
- 源 1997年山西省阳泉市郊区旧街乡阎家庄石窟出土
- 入 1998年

北魏 孝昌三年石雕弟子头像

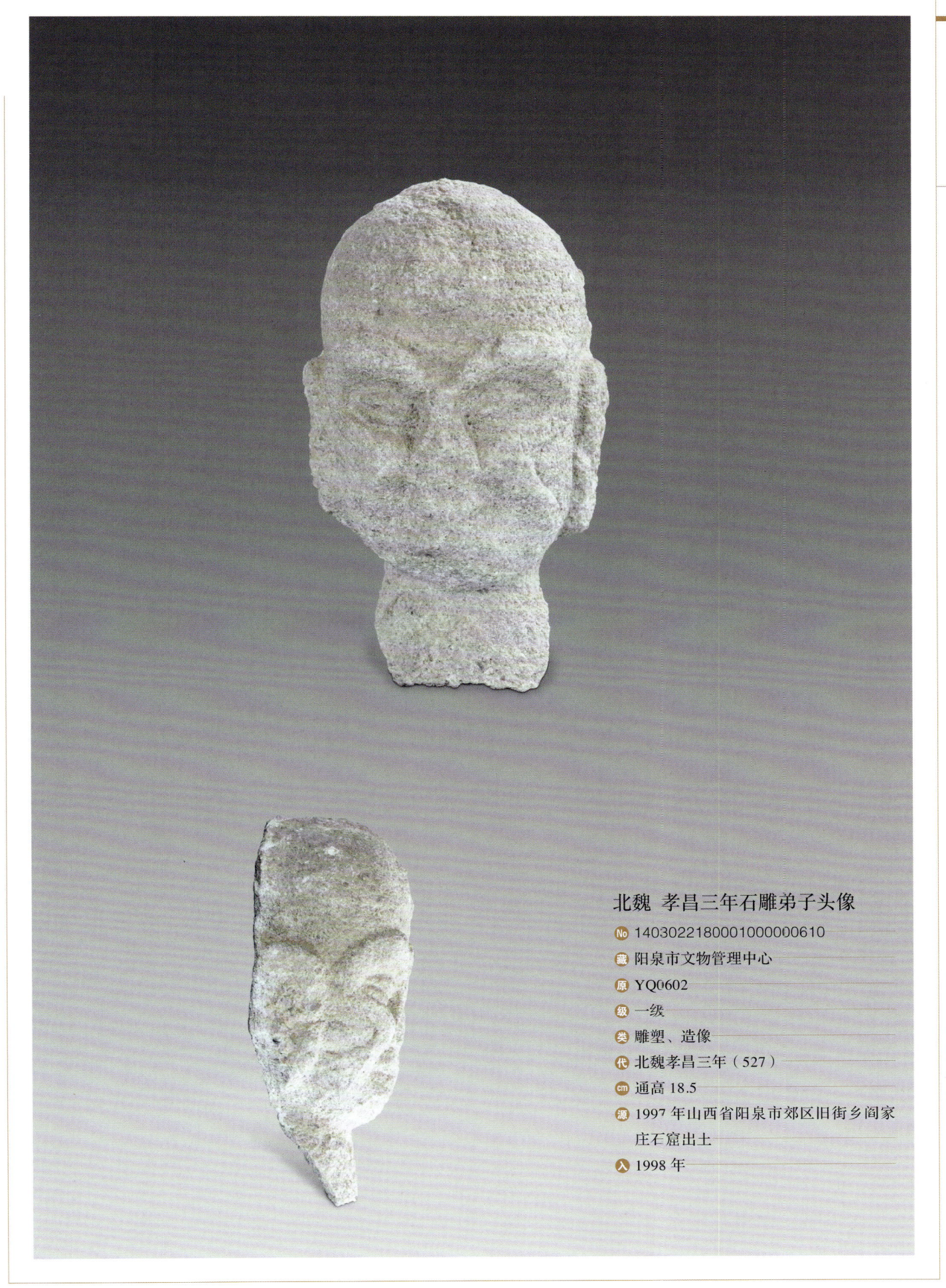

No 14030221800010000000610
藏 阳泉市文物管理中心
原 YQ0602
级 一级
类 雕塑、造像
代 北魏孝昌三年（527）
cm 通高 18.5
源 1997 年山西省阳泉市郊区旧街乡阎家庄石窟出土
入 1998 年

北魏 孝昌三年石雕菩萨头像

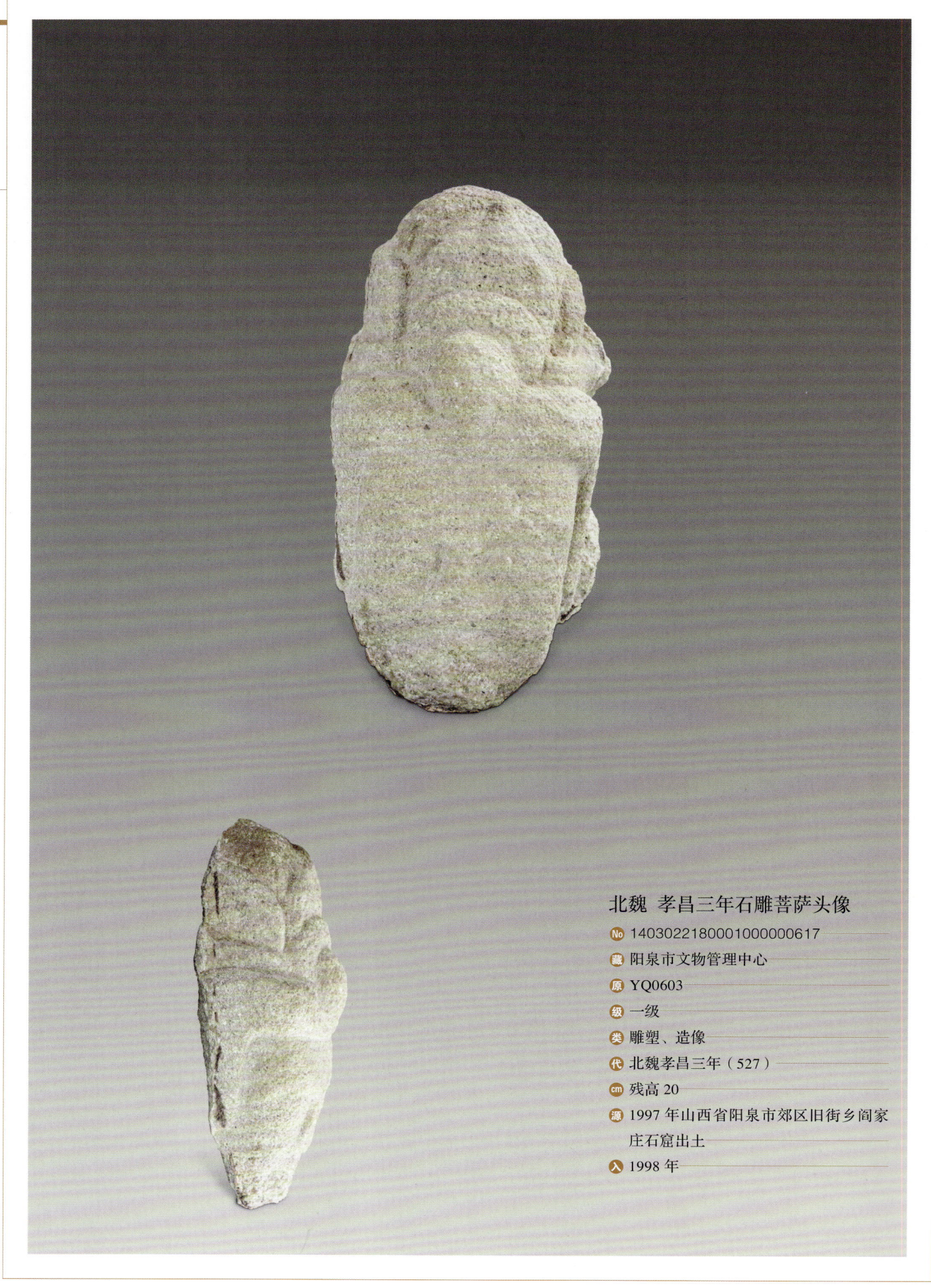

- No 1403022180001000000617
- 藏 阳泉市文物管理中心
- 原 YQ0603
- 级 一级
- 类 雕塑、造像
- 代 北魏孝昌三年（527）
- cm 残高 20
- 源 1997年山西省阳泉市郊区旧街乡阎家庄石窟出土
- 入 1998年

北魏 孝昌三年石雕菩萨头像

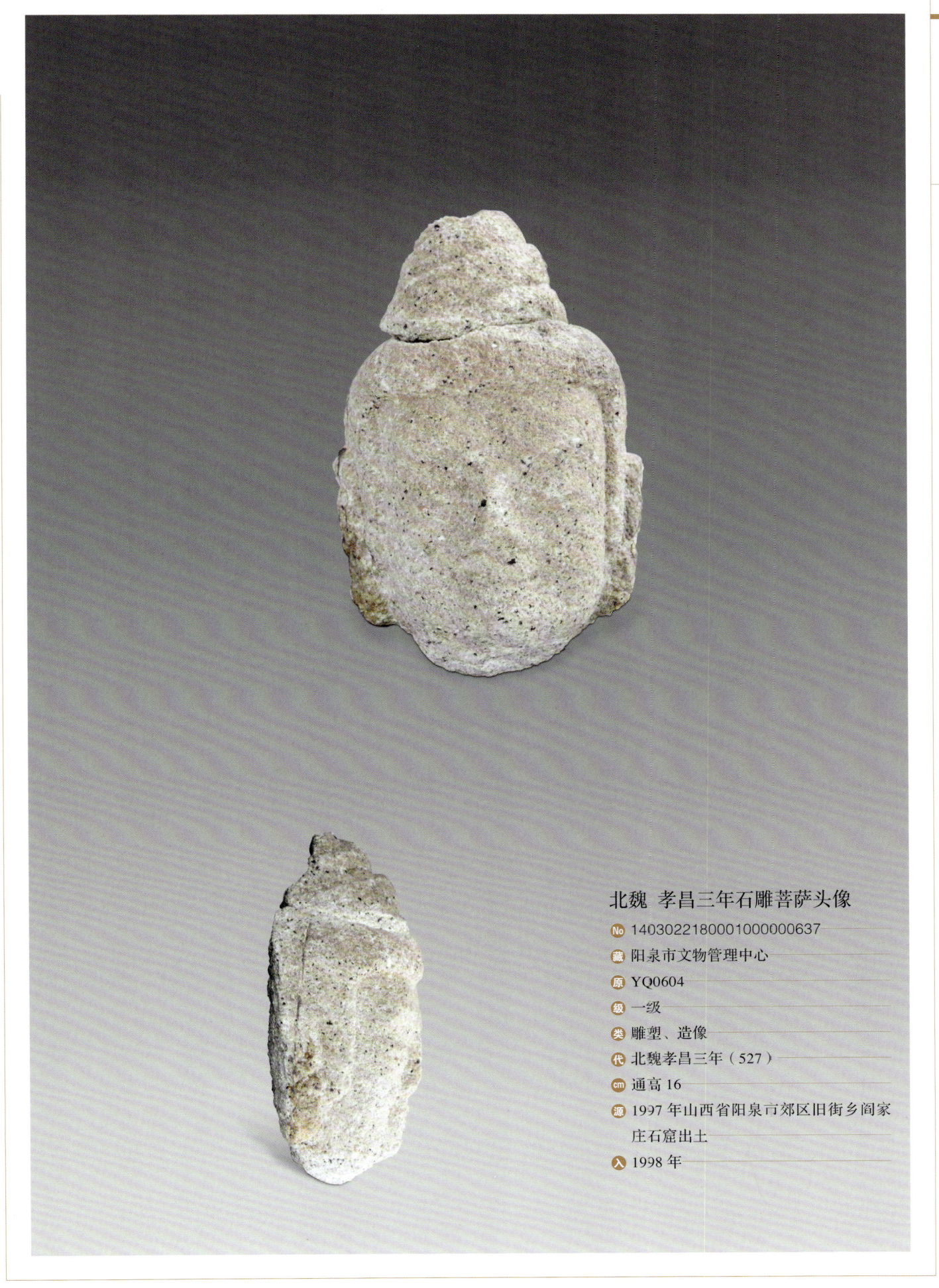

- No 1403022180001000000637
- 藏 阳泉市文物管理中心
- 原 YQ0604
- 级 一级
- 类 雕塑、造像
- 代 北魏孝昌三年（527）
- cm 通高16
- 源 1997年山西省阳泉市郊区旧街乡阎家庄石窟出土
- 入 1998年

北魏 孝昌三年石雕佛头像

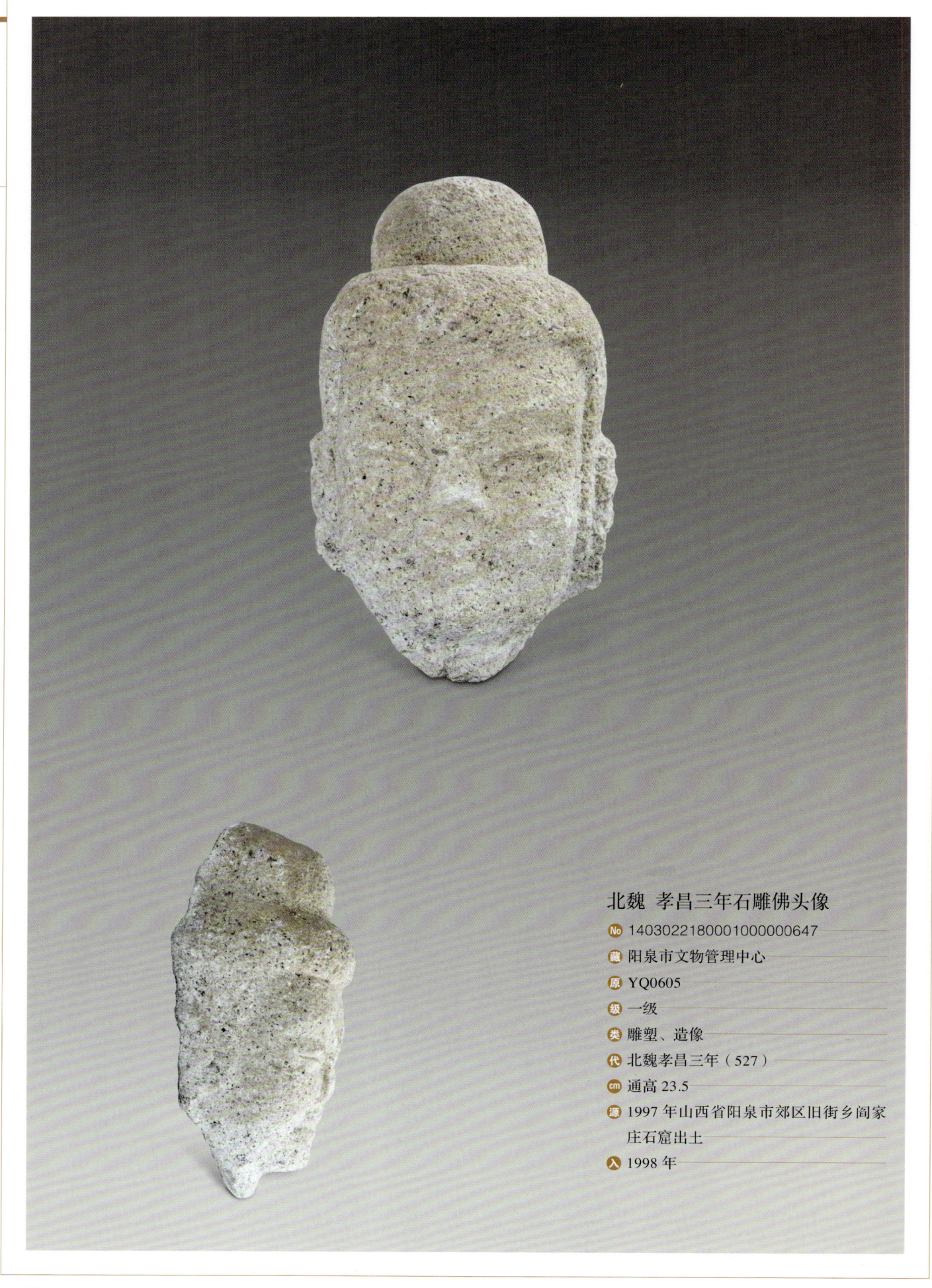

- No 1403022180001000000647
- 藏 阳泉市文物管理中心
- 原 YQ0605
- 级 一级
- 类 雕塑、造像
- 代 北魏孝昌三年（527）
- cm 通高 23.5
- 源 1997年山西省阳泉市郊区旧街乡阎家庄石窟出土
- 入 1998年

北魏 孝昌三年石雕弟子头像

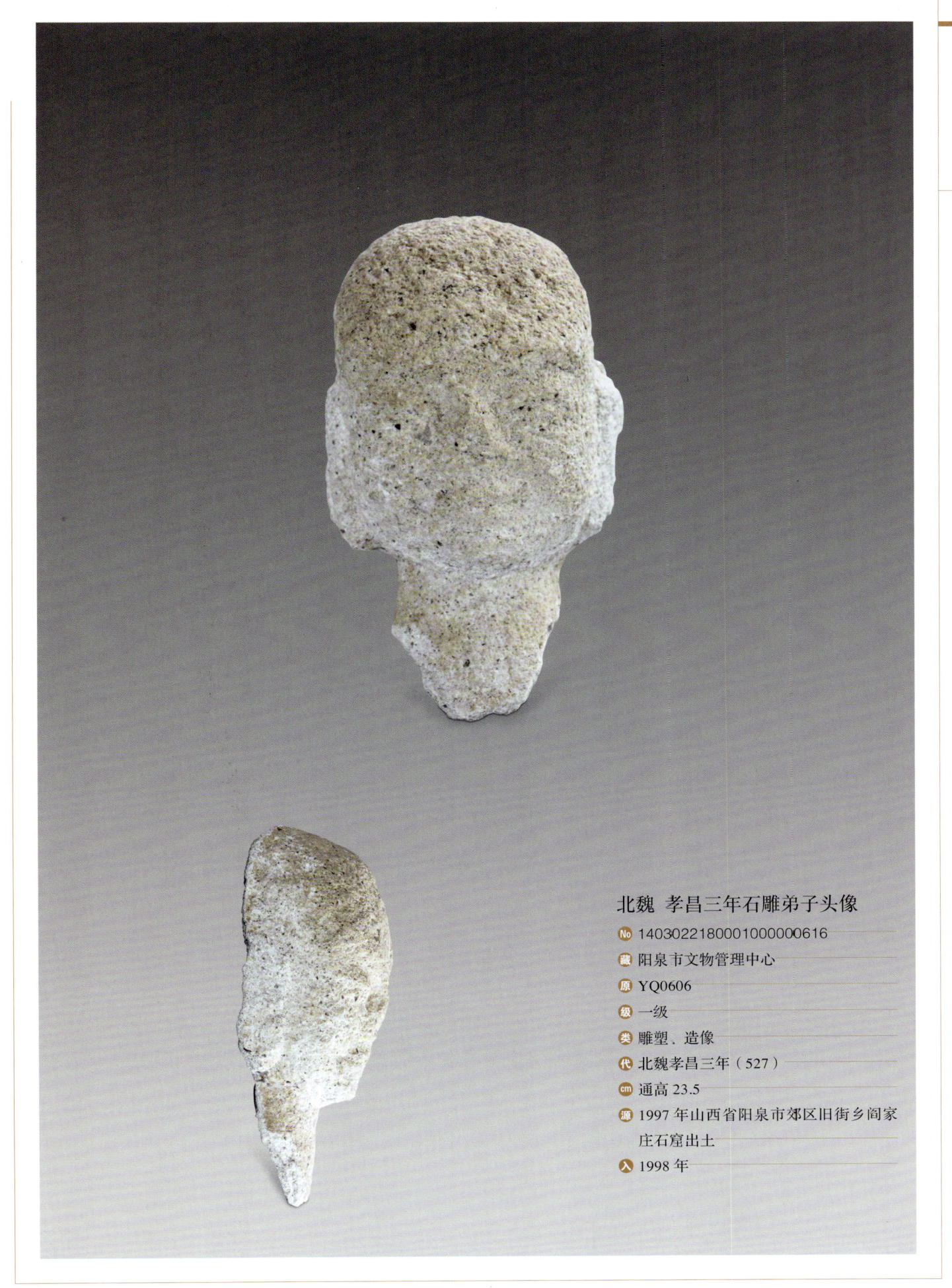

- **No** 140302218000100000616
- **藏** 阳泉市文物管理中心
- **原** YQ0606
- **级** 一级
- **类** 雕塑·造像
- **代** 北魏孝昌三年（527）
- **cm** 通高 23.5
- **源** 1997年山西省阳泉市郊区旧街乡闫家庄石窟出土
- **入** 1998年

北宋 石雕罗汉头像

- № 1403022180001000000650
- 藏 阳泉市文物管理中心
- 原 YQ0608
- 级 一级
- 类 雕塑、造像
- 代 北宋
- cm 通高 20
- 源 2000年山西省阳泉市郊区河底镇下章召村禅智寺西侧出土
- 入 2000年

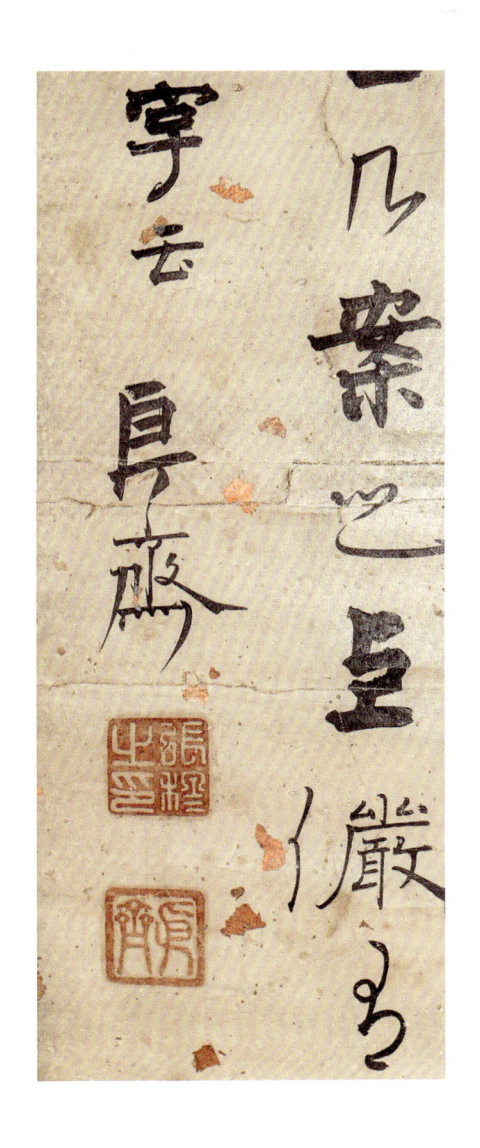

清 张穆行书纸本立轴

- No 14032121800002000000431
- 藏 平定县文物管理中心
- 原 P0039
- 级 一级
- 类 书法、绘画
- 代 清
- cm 纵 107.7，横 28.9
- 源 1994年山西省阳泉市平定县张金桂捐献
- 入 1994年

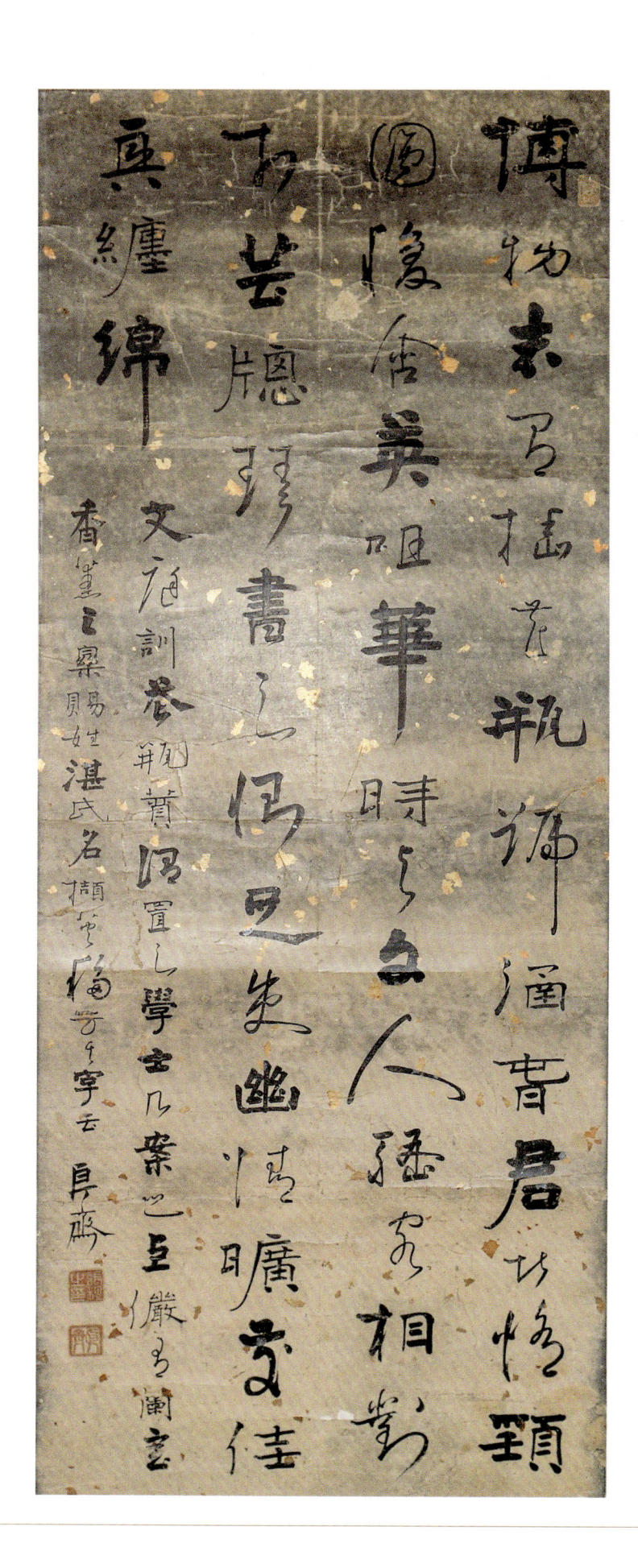

博物志云抱瓮灌青君居修頸
圓腹後舍美姐華時多白人摇蕩相對
而芸廳祥書之侶豈失幽情曠愛佳
真塵綿

文庭訓参觀因置之學士几案必至儼若聞玄

香篆之案賜女湛氏名擷芳守字云

真齋